LE
BRIGANDAGE
DE LA
MUSIQUE ITALIENNE.

—— *Magnum fine viribus ignis incaffum furit.*
VIRGIL. GEORG. III. 99. 100.

C'eſt un grand feu qui n'a point de force, & qui s'irrite
en vain.

M. D C C. LXXVII.

LE
BRIGANDAGE

DE LA

MUSIQUE ITALIENNE.

ÉPITRE

AUX AMATEURS

DE LA

MUSIQUE ITALIENNE

Du parterre de l'opéra de Paris.

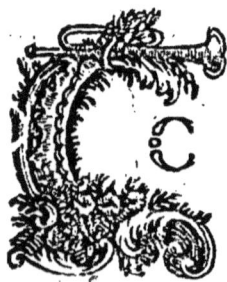

COURAGE, Meſſieurs, vous applaudiſſez à merveille. Il eſt impoſſible d'exprimer votre goût pour les ariettes d'un ton plus ſonore. Quand vous aſſiſteriez en perſonnes aux fêtes des Bacchanales, vous ne feriez pas plus de bacchanal que vous en faites dans le parterre du théatre de l'opéra. Vous prononcez le mot de *bravo* comme fi vous étiez des Italiens, & lorfque vous aurez appris par cœur fon fuperlatif *braviſſimo*, vous pourrez paſſer pour des romains. Cependant comme vous n'êtes pas tout-à-fait inſtruits des hurlemens & des criailleries des théatres de Milan, de Veniſe, de Gènes, de Bergame, de Padoue, &c. je vais vous en inſtruire, afin que vous vous mettiez à l'uniſſon avec ces ſpectacles bruyans. Par exemple, lorfqu'une ariette vous plaira, vous attendrez que l'acteur ſe retire de la ſcène, & au moment qu'il ſera prêt d'entrer dans la couliffe , vous crierez de toute votre force *volta.* Cela veut dire qu'il doit faire demi-tour à droite , préfenter le derriere au fond du théa_tre , & fon vifage au parterre , & dans cette attitude il recommencera l'ariette : fi elle vous plaît encore , vous crierez de nouveau , *una al-tra volta* : & vous irez ainfi de *volta* en *volta* jufqu'à ce que l'acteur foit entiérement effouflé & qu'il n'en puiffe plus. Chaque *volta* doit être ac-compagnée d'un battement de mains univerfel ; & afin qu'il foit bruyant , voici comment vous devez vous y prendre. Il faut former un creux dans la paume de la main gauche , & ferrer bien les doigts de la droite ; alors vous frapperez avec force fur cette concavité, de maniere que l'air preſſé & comprimé en s'échappant forme un bruit ſemblable à celui d'un petard. Tous ces petards doivent partir à la fois du parterre & ne former qu'un coup, ainſi que l'exercice à feu du roi de Pruſſe. Or imaginez-vous comme Mr. le baron Allemand (*) ſera petardé, le bruit en ſera ſi grand qu'il deſcendra juſqu'aux enfers, ce qui rendra l'opéra d'Orphée un des plus bruyans ſpectacles de l'univers.

Voici encore un autre moyen pour rendre les accens de la muſique italienne plus touchans : prenez une huître, partagez ſon écaille en deux ;

(*) Mr. Glouck.

mettez-en une moitié dans une main & l'autre moitié dans l'autre, & lorfque quelque morceau de mufique vous plaira, frappez l'une contre l'autre, vous entendrez quel beau charivari cela fera.

Si ces tintamarres ne fuffifent pas pour exprimer l'admiration où vous êtes de cette mufique, je vous donne avis que j'ai inventé une fonnette dont les fons réunis feront autant de bruit que celui de la grande cloche de Notre-Dame de Paris. Je vous en enverrai l'invention auffitôt que j'en aurai eu l'agrément de Mr. le lieutenant général de police; car je ne voudrais pas faire un établiffement fi bruyant au théatre royal fans fa permiffion , crainte qu'il ne m'envoyât fans bruit au fort-l'évêque.

Je fuis ,

Meffieurs les amateurs de la mufique italienne ;

Votre très-humble & très-obéiffant ferviteur ,
JEAN-JACQUES SONNETTE.

PREFACE.

EN publiant le brigandage de la mufique italienne, mon deſſein a été d'expoſer ſes vices, pour ſavoir ſi nous devons les adopter, & par là juger un grand procès ; mais mon livre arrive trop tard : il lui manque quarante ans d'ancienneté, c'eſt-à-dire, lorſque les Français penſaient que leur muſique était adaptée au génie & au caractere de la nation , & celle des Italiens à leurs mœurs & à leurs manieres. Il eſt vrai qu'il y eut quelques petites eſcarmouches ſur le goût du chant ; mais àprès les premieres hoſtilités, chaque parti chantant ſe retira dans ſon camp volant, & l'affaire muſicale reſta ſuſpendue juſques à la premiere action déciſive. Mais aujourd'hui que les cromes & les ſémicromes ſont rangées en bataillons, que le corps d'a-riettes eſt formé, & que le général Glouck

& fon lieutenant général Piccini, ont établi leur quartier général au théatre du
Palais Royal, d'où ils battent la mufique
françaife en breche ; en un mot, depuis
que ces deux compofiteurs ont été faits
maréchaux de France en chanfons, &
qu'on a attaché de bonnes penfions à leur
bâton de commandement, ce n'eft peut-
être pas le moment de donner la chaffe à
cette mufique.

Cependant, comme j'aime beaucoup la
guerre notée, & à me battre en mefure
réglée ; en attendant un renfort d'opéra
français, & d'autres petites troupes légeres chantantes, pour donner une bataille
rangée aux ariettes italiennes, je prends
le parti que prit le célebre don Qui-
chotte de la Manche, qui pour fe tenir
en haleine fe battait contre des moulins
à vent.

LE

LE
BRIGANDAGE
DE LA
MUSIQUE ITALIENNE.

APRÈS que les Romains eurent perdu l'empire du monde, & que cette vaste domination, qui avait été le fruit de tant de politique & de sagesse, fut anéantie, ils se livrerent aux jeux & aux spectacles. Il faut aux hommes des vertus ou des vices : n'importe de quelle maniere les passions les agitent, pourvu qu'ils soient agités. Les bleus & les verds corrompirent ce que l'ambition de Sylla & de César n'avait pas ache-

A

vé de corrompre. Ces deux factions tiraient
leur origine du goût qu’on prend au théâtre pour certains acteurs plutôt que pour
d’autres, & cela allait jufqu’à la fureur. La
même manie vient de paraître de nouveau en
Europe. Elle n’intéreffe pas moins notre monde
chantant, que celle qui troubla l’empire de
l’univers. Elle a fes accès & fes redouble-
mens; car d’abord qu’un prince loue cinq ou
fix muficiens, un autre établit un fpectacle de
mufique dans les formes. Il ouvre fes tréfors
à cet art, & les richeffes publiques font à fa
difpofition.

Le feu roi de Pologne payait cent mille
écus de la repréfentation de chaque opéra nouveau. L’Efpagne a étalé un luxe à mufique dont
on ne trouve aucun exemple dans l’hiftoire.
La poftérité la plus reculée faura que le roi
de Portugal a payé un million d’écus à cinq ou
fix hommes mutilés, pour lui chanter quelques
ariettes; & fi la terre ne fe fût entr’ouverte
pour engloutir la mufique & les muficiens,
l’or du Portugal prenant une nouvelle pente,
aurait caufé une révolution dans notre monde;
car la politique eft aux gages du numéraire. La
Ruffie qui n’entonnait pas une note au commencement du fiecle, a pris un tel goût pour

les ariettes, qu'elle paye plus un chanteur d'o-
péra qu'un général d'armée. Les Anglais font
plus modeftes en mufique ; ils ne donnent que
trente mille livres tournois à un muficien pour
chanter cinquante ariettes l'année : c'eft un prix-
fait aujourd'hui à Londres. L'opéra de Paris
établi pour divertir les gens oififs, coûte chaque
année fept cens mille livres à l'état, ce qui eft
tout jufte la fomme qu'il faudrait pour donner
à vivre à deux mille citoyens qui meurent de
faim. Ce fpectacle a fon adminiftration, fes
directeurs, fes gentilshommes, fes loix, fa police, & eft auffi bien gouverné que peut l'être
une fociété compofée de malhonnêtes gens.
Paffe pour l'argent; car que les finances deviennent
la proie des muficiens, ou de ceux qui n'entendent pas la mufique, cela revient au même
pour l'harmonie de l'état. Nos bleus & nos verds
allumerent une guerre en mufique. Il fut queftion de favoir fi on devait chanter à la Lulli
ou à la Rameau. Les Lulliftes étaient tous de
vieilles perruques qui aimaient les grands élancemens de voix, & ces hurlemens harmonieux
qui au lieu d'aller au cœur portent à la tête.
Les Rameaux étaient des petits-maîtres, ou
de jeunes gens qui aimaient les airs gais, &
qui, à l'exemple de ce grand homme, leur fon-

dateur, enfilaient toujours le rigodon du premier coup. Il y eut plufieurs batailles rangées entre les deux partis, dans le parterre de l'opéra de Paris, où les Lulliftes s'emparerent de quelques poftes avantageux dans la mufique fondamentale ; tandis que les troupes légeres des Rameaux ne firent que quelques petites forties gaies & enjouées dans l'harmonie. Mais comme les Lulliftes étaient nés dans le fiecle paffé, ils moururent prefque tous ; il n'en refta que quelques-uns extrêmement vieux, qui fe trouvant fans dents ne purent plus mordre fur la mufique de Rameau ; ainfi la bataille finit faute de combattans.

Mais à peine les deux partis furent-ils anéantis, qu'il s'en éleva deux autres. Il eft queftion aujourd'hui de favoir fi nous devons chanter à l'italienne ou à la françaife : la chofe pourrait être décidée du premier coup ; nous n'aurions qu'à nous demander des quelle nation nous fommes ; mais il faudra bien de difputes avant que de décider. Nous avons déja perdu plufieurs batailles rangées, car les italiens ont des arfenaux remplis, comme on l'a vu dans la préface, de roulades, de volades, & peuvent nous lâcher des bordées & des fougues très - fougueufes.

Si cette grande question n'occupait que ceux qui n'ont rien à faire que d'agiter l'air par des discours inutiles, elle serait peu intéressante ; mais elle est devenue une maladie épidémique qui a attaqué le corps de la nation, & après avoir parcouru toutes les classes, a percé jusques dans les collgesé.

Un jeune écolier qui apprenait le rudiment dans un village près de Paris, ayant commis une de ces fautes qui méritent le châtiment dont on punit les enfans dans les écoles, le maître lui dit avant d'en venir à l'exécution de la sentence : comment voulez-vous être fouetté ? A l'italienne, ou à la française ? Hélas ! Monseigneur, répondit-il, (car les pédans à la campagne ont titre d'évêque), je voudrais bien éviter l'une & l'autre des cérémonies, mais puisque c'est un *faire le faut*, je veux être fessé à la française. Pourquoi cela? reprit le pédant, qui s'étant un soir échappé à Paris pour assister à l'opéra d'Orphée de Glouck, s'était pris de passion pour ce grand homme. C'est, lui répondit le jeune écolier, que comme vous n'entendez pas la musique italienne, vous me donneriez peut-être le fouet à l'octave haute, ce qui est un ton des plus dissonnans pour mon derriere, au lieu qu'à la française, je serai fessé en *Ce sol fa ut*, qui eſt le ton ordinaire de la férule françaiſe.

L'enfant a raiſon : dans les châtimens comme dans les récompenſes, il ne faut jamais ſortir de l'harmonie uſitée ; on doit rire ſur le ton qu'on a ri , & pleurer ſur celui qu'on a pleuré ; ſans quoi on ne rit , ni on ne pleure ſur le ton national qui eſt le maître de muſique de chaque ſociété. Voici un autre conte qui le prouve mieux que celui du pédant.

Du temps des fables , lorſque les bêtes parlaient, les oiſeaux voulurent faire une réforme dans le chant. Un Roſſignol qui nichait ſur la montagne dé Naples , ayant raſſemblé dans la plaine tous les volatiles de différentes eſpeces , leur parla ainſi : il eſt étonnant que nous qui ſommes les premiers maîtres de muſique de l'univers, (car de qui les hommes auraient-ils appris à chanter , ſi ce n'eſt de nous ?) que nous ayons nous-mêmes fait ſi peu de progrès dans cet art ; il en eſt parmi nous qui croaſſent au lieu de chanter. Il ſerait temps de réformer cette triſte mélodie, & de nous mettre tous à l'uniſſon. La nature en deviendrait plus gaie , & notre ſociété en ſerait plus aimable. L'aſſemblée volatile applaudit de commune voix à ce diſcours , & on convint que l'oiſeau Napolitain avait raiſon. On lui donna la direction

générale de cette réforme, aidé d'un Canari
qui devait travailler avec lui en fous-ordre.

Après dix mille ans de leçons, car on peut
s'imaginer quel travail cela peut être de rendre
muficiens tant de bêtes, & de les faire chanter
toutes à l'uniffon ; comme le Gril, la Cigale,
la Caille, la Bécaffe, la Perdrix, la Tourde,
l'Alouette, l'Ortolan, le Chardonneret, le
Moineau, la Pie, le Corbeau, &c. &c.

Il fallut trois fiecles avant que le Hibou pût
prendre l'*E la mi*. L'école fut d'autant plus
longue, que le maître Napolitain qui favait
fon métier, & qui voulait l'enfeigner par principes à fes écoliers, mit toutes les bêtes à la
gamme ; de-là il paffa aux *Solfeggi*, puis aux
volades, & enfuite aux ariettes. Lorfqu'il crut
que tous ces muficiens pouvaient faire honneur
à fon art, il les affembla dans la même plaine
pour faire la répétition générale, en attendant
la grande piece de mufique qu'ils s'étaient pro-
pofés de donner à l'univers ; mais, quel fut fon
étonnement, lorfque des accords de tous ces
différens oifeaux unis enfemble, il en réful-
ta un plain rempli de diffonnances qui ren-
dait un fon affreux ! Il en fut picqué ; & comme
il parlait fort bon Napolitain, il s'écria : *Oh
mall'ora, chift'è la cafa dello diavolo !* Un oifeau

A 4

des treize Cantons rempli de bon fens, qui
n'avait pas voulu entrer dans ce concert, difant
pour raifon que le Suiffe n'aime pas la mufique, entendant ce charivari, dit aux concertans :
Vous n'êtes que des bêtes ; ne voyez-vous pas
que chaque oifeau a fa mufique particuliere, &
que la mélodie de l'un n'eft pas celle de l'autre ? Sachez donc pour votre regle, que de toutes
les fottifes en mufique, la plus grande eft celle
de vouloir faire chanter une Hirondelle comme
un Roffignol. Si vous aviez laiffé chanter toutes
ces bêtes dans leur ton naturel, votre concert
univerfel eût été au mieux ; la différence des
voix en eût formé les nuances. Le Moineau
chante à l'octave baffe de l'Oie & du Canard,
ce qui fait le contre-point de la mufique des
bêtes. Si on y fait bien attention, on trouvera
que ce qu'on croit une diffonnance, eft un accord. Par exemple, voilà le Coucou qui eft le
chanteur à la mode, parce que la plupart des
femmes le prennent pour leur maître de mufique, ce qui pour l'ordinaire caufe une diffonnance pour le mariage ; mais d'un autre côté,
il rentre dans les vues de la nature qui eft le
premier maître de mufique du monde. Dans
le grand concert de la mufique univerfelle, les
diffonnances particulieres forment l'accord du

total. Si cette bête a raiſon , il ſuit de là que nous avons tort de chanter dans des accords qui nous ſont étrangers.

Nous nous étions ſervis pendant près de mille ans d'une muſique qui eſt dans le caractere de la nation , & le génie de notre langue , lorſque les Sacchini , les Piccini , & tous les autres noms en *ini* nous ſont venus dire dans leur bar-ragouin : *Signori* , *non ſapete cantare.* Comment ! nous ne ſavons pas chanter ? Hé ! nous ne fai-ſons autre choſe d'un bout de l'année à l'autre. Nous avons tant de goût pour la muſique , que nous mettons en rondeaux toutes les affaires de la politique & celles de la vie civile. Si la France perd une bataille , elle en eſt d'abord conſolée lorſqu'elle en a chanté le général : toute l'ar-mée fait chorus , & célebre ſa défaite le verre à la main. Si le gouvernement fait une ſottiſe qui expoſe la monarchie à quelque grand mal-heur , on s'en conſole lorſqu'on a noté le mi-niſtere. Chaque impôt , chaque taxe , a ſa mu-ſique particuliere ; on les paye gaiement en fai-ſant un refrain au bout de la ſomme. Lorſque le roi fait une maîtreſſe , n'importe quelque dépenſe qu'elle coûte à l'état , pourvu qu'on la chanſonne : témoin *la Bourbonnaiſe* qui a été exécutée par la monarchie entiere. Les dames de la cour l'aimaient tant , qu'elles la chantaient tous les matins avant de dire leurs prieres. Le clergé n'échappe point au goût que nous avons pour la belle musique. Si on fait un cardinal , son éminence ne manque jamais d'être chansonnée. Il y a aussi toujours quelques petits airs pour les évêques. Si quelque femme est surprise en flagrant délit, elle en est quitte pour un vaudeville ; si une demoiselle fait un faux pas, on la relève par deux couplets. Le grand opéra tient notre voix en haleine trois fois la semaine, car l'acteur n'a pas plutôt entonné les premieres notes de son rôle , que le parterre lui fait chorus, & l'accompagne jusqu'à ce qu'il ait fini. A l'égard de l'opéra comique, il nous donne à chanter les douze mois de l'année. Si à ce corps immense de musique nous joignons les petites chansons de l'abbé Latagnan , & celles que le célebre Monnet a fait imprimer, nous & notre postérité avons de quoi chanter jusqu'à la fin du monde. *Eppure* , nous disent les Sacchini & les Piccini , *non sapete cantare , perchè altro è cantare, è altro è sgridare. Sentite la dolcezza della nostra musica, nella prima parte di quest'arietta : si tratta d'un amante che si lagna della crudeltà, della sua innamorata : basta della prima riga se pietà da te non trovo al ti-i-ran-no affanno mio: oh quanto è dolce! ti i ranno affanno mio. Cosa dite di quel ti i ranno affanno mio ?* Je dis que c'est *ti i rer* le diable par la queue de la musique. Mais, si nous ne savons pas chanter, qui nous l'apprendra? *Noi altri che siamo maestri Italiani.* Mais, Mrs. les *maestri Italiani,* entendez-vous notre langue? Connaissez-vous nos expressions, nos accens, notre maniere fine & délicate de rendre nos idées ? *Signor nò.* Comment diable voulez-vous donc nous apprendre une chose que vous ignorez ? *Questo è il gran talento di noi altri italiani ; non ci vuole molto per insegnare quello che si sà, il difficile è d'insegnare quello che non si sà.* Véritablement la chose n'est pas bien aisée ; mais, Mrs. n'y a-t-il pas un peu d'imposture dans votre fait? Au lieu de venir nous enrichir de votre art , n'êtes-vous pas venu nous dépouiller de nos écus ? Car on dit que vous autres italiens avez une dévotion particuliere pour nos louis d'or.

On a dit qu'une des raisons qui ont déterminé les directeurs de l'opéra du Palais Royal à avoir recours aux professeurs italiens , c'est que nos idées en musique sont surannées. Rameau a vieilli , Mondonville avant sa mort avait donné dans le plain-chant. Il ne composait plus que des opéra d'église. Jean-Jacques , ce grand sorcier en musique , qui aurait pu faire de la mu-

fique, ne fait que la copier ; d'ailleurs il y a quarante ans qu'il eſt ſorti de tutelle. Et comme il
faut à l'opéra de Paris des imaginations neuves
qui ne ſe reſſentent point du froid de la vieil-
leſſe, on a choiſi Glouck, Piccini & Sacchini,
dont l'un eſt un jeune homme de ſoixante &
dix ans, l'autre un petit garçon de cinquante-
cinq, & l'autre un enfant de cinquante-deux ;
âges qui joints enſemble ne font que cent ſoixante
dix-ſept ans ; de maniere qu'en mettant enſemble ces trois vies, elles arrivent à la muſique
d'Henri IV, dont la mélodie n'était pas des
plus douces ; car ce brave prince ne connaiſſait
pas d'autres concerts que ceux de la mouſquet-
terie. Cependant, malgré la fable des oiſeaux,
dont la morale eſt que chaque nation doit aimer
ſon ramage, & non pas celui d'une autre, nous
aimons la muſique italienne. Quelle raiſon peut-
on donner de cela ? aucune, parce qu'on ne
peut pas dire pourquoi on s'attache à une foule
de choſes bizarres & extravagantes, peut-être
par la raiſon qu'elles devraient déplaire.

Il faudrait être bien verſé dans la chronologie
des goûts, pour expliquer par quel caprice les
coiffes qui rendent les femmes laides à faire
peur, ont plu ſi longtems, & que la parure
qui eſt le grand code de la légiſlation françaiſe,

change à chaque lune , & toujours suivant le hazard & le caprice. Le valet de chambre de Louis XIV lui ayant donné un jour par mégarde un justaucorps que ce monarque avait porté autrefois aux campagnes de Flandre , qui lui était trop long , tout Paris le lendemain fut habillé en soutanelle. On trouva qu'un habit qui descend jusqu'à la cheville du pied , dégage la taille. Mais deux jours après , le monarque ayant mis un habit moins long , toute la ville fut en habit court. On dit alors qu'un justaucorps qui ressemble à une veste , rend la taille fine. Une grande capitale est remplie de gens oisifs qui n'ont rien autre à faire que de bâiller, & qui s'ennuyent de tout. Il leur faut du nouveau ; n'importe quel , pourvu que ce soit du nouveau. La mode est un tyran en France qui exerce un empire despotique sur la nation ; cependant il lui faut quelquefois de grands exemples pour mettre à la mode les plus petites choses.

Lorsque madame la premiere Dauphine arriva en France , le goût pour les Pantins n'était pas encore bien décidé ; mais cette princesse en ayant voulu avoir un , le génie de la nation tourna entièrement de ce côté-là. Dieu garde qu'une dame de qualité eût paru alors à la cour ou à la ville , sans avoir son Pantin dans sa

poche ; elle aurait paſſé pour une perſonne qui
venait de l'autre monde où il n'y a point de
Pantins. Le même caprice s'exerce ſur les arts ;
leur réuſſite dépend preſque toujours d'une parole , d'un geſte , d'un mouvement.

Orphée allait être enſeveli pour toujours dans
les enfers , lorſqu'à une de ſes repréſentations ,
deux belles mains battirent & applaudirent à
ſes accens. Il n'en fallut pas davantage pour
l'en faire ſortir glorieux & triomphant. Tout
Paris en a été enchanté. Il avait pourtant été
enſeveli dans les couliſſes d'Allemagne & d'Italie ; Orphée eſt reſſuſcité treize ans après ſa
mort. La *Buona Figliuola* a eu à peu près le
même ſort. Il y avait preſque deux luſtres qu'on
l'avait repréſentée avec aſſez peu de ſuccès ; mais
l'auteur étant venu à Paris , la *Figliuola* qui n'é-
tait que *buona* , eſt devenue excellente. Il a fallu
que l'Italien préſentât ſa tête au public qui la cou-
ronnait de la gloire immortelle des ariettes. Il
y a apparence que l'enthouſiaſme des Français
n'en demeurera pas là , & qu'on élevera des
ſtatues à ces deux grands légiſlateurs qui font
chanter tout Paris à l'italienne. Il eſt vrai que
cette fievre ardente des applaudiſſemens aura
peut-être ſes momens de calme , qui bientôt paſ-
ſera au refroidiſſement. Alors on renverſera l'autel

& l'idole des ariettes , & la muſique italienne
repaſſera le Mont-Cénis pour aller habiter le pays
de ſa naiſſance.

On a beau donner la préférence à une com-
binaiſon de notes étrangeres ſur la nôtre ; la
muſique proprement dite , n'eſt autre choſe
qu'une expreſſion vocale miſe en notes. Si on
n'avait jamais parlé, on n'eût jamais chanté. Les
muets n'ont point de modulation ; on ne ſaurait ouvrir la bouche ſans former un ton , c'eſt-
à-dire, prononcer la premiere note d'une chan-
ſon. Ce ton lié à un autre , & ceux-ci à d'autres, forment enſemble une ariette parlante plus
ou moins compoſée ſuivant l'action & le mouvement qu'on y met. Voilà déja la muſique
créée dans chaque individu : c'eſt l'ouvrage de
la nature. Dire qu'il n'y avait point de muſique avant qu'on eût établi le contre-point , c'eſt
dire qu'avant qu'on eût tracé des cercles , tous
les rayons n'étaient pas égaux. Qu'on mette huit
à dix perſonnes à diſcourir dans une chambre,
qu'on note leurs accens , on trouvera la repréſentation d'un opéra , à qui il ne manquera que
l'ordre & la meſure. S'il fallait une expérience
là-deſſus ; un phyſicien en fit une il y a quelque
temps. Ce curieux en muſique parlante fit ca-
cher un maître de muſique à côté de l'apparte-

ment où il recevait compagnie, d'où il pouvait
entendre diſtinctement la voix d'un chacun,
avec ordre de noter tous les tons, les accens,
les ſoupirs, les intervalles, les pauſes, les expreſſions vocales qu'il entendrait. Pour tirer tout le
parti qu'il méditait de ſon plan, il fit des repro-
ches très-vifs & très-amers à un homme de la
compagnie, ſur certaine inconduite qu'il diſait
avoir eue avec lui. L'accuſé ſe ſentant innocent,
ne put s'empêcher de ſe fâcher contre lui. Dans
la fureur de ſon emportement, il employa des
tons très-ſonores. Il obligea enſuite un petit-maître de la compagnie qui s'était brouillé avec ſa
maîtreſſe qui était préſente, de ſe raccommoder
avec elle ; l'amoureux tranſi ſe jeta à ſes pieds,
& en lui demandant pardon, il employa des
expreſſions ſi tendres, qu'elles formaient autant
de *bémols*. Il s'adreſſa enſuite à un plaideur qui
venait de perdre un procès dont il avait le cœur
gros ; celui-ci ſe plaignit de ſes juges d'un ton
ſi haut, qu'il arriva juſqu'à *E fa ut* majeure.
Il adreſſa enſuite la parole à un militaire qui
s'était trouvé à pluſieurs batailles rangées, qu'il
racontait avec autant de bruit que le canon
qui les avait fait gagner.

Après que la compagnie ſe fut retirée, le
phyſicien & le maître de muſique réunirent tous
ces

ces tons notés, & il fe trouva qu'ils formaient enfemble l'octave entiere, c'eft-à-dire tous les tons de la mufique. Avec ces premiers élémens de cet art, on aurait pu faire un opéra complet. Des accens du premier, un muficien italien aurait pu faire l'*aria cantabile*. Du difcours du petit-maître, l'*aria amorofa e patetica*. De celui du plaideur, l'*aria acuta*; & de celui du militaire, l'*aria furiofa* : tout le refte eût pu fervir de récitatif. Je fais bien que je dis ici des chofes nouvelles, mais fi elles font vraies, elles font très-anciennes.

Toutes les nations en parlant ne chantent pas également; c'eft ce que nous expliquerons mieux à l'endroit des accens. Le peuple napolitain fait toutes les affaires de la vie civile à l'octave haute. Les étrangers qui ont affifté au grand opéra de la rue de Tolede (*) peuvent certifier que c'eft le plus bruyant fpectacle de l'univers. Il fuffit d'entendre un concert d'ariettes exécutées verbalement par cinq ou fix Lazzaroni (**), pour avoir le mal de tête pendant huit jours; & ainfi des autres nations plus ou moins bruyantes dans leur maniere de s'exprimer.

_____

(*) Marché public très-bruyant.
(**) Le bas peuple.

B

Comme on découvre au nombre des *bravo*
qui augmentent tous les jours dans les parterres
des deux théatres de Paris , que la mufique
italienne va prendre le deffus fur la françaife ,
il eft bon d'examiner un peu fes avantages ; car
lorfqu'on reçoit un art étranger au préjudice du
national , on doit favoir ce qu'on y gagne ; or
pour le favoir il faut en faire l'analyfe, c'eft-à-
dire remonter à fa naiffance , & le fuivre dans
fes différens périodes ou progrès ; c'eft ce que
je vais faire. Je ne ferai pas long quoique je
prenne la chofe de loin.

L'origine de la mufique eft très-obfcure : les
favans prétendent que ce mot vient de celui
de *Mufa* ; car on veut que tous les arts
foient defcendus du Parnaffe ; mais comme le
Parnaffe n'a jamais exifté que dans l'imagination
des poëtes , il y a apparence que ce qu'on dit
du chant n'eft qu'une chanfon. Théodore prétend que la mufique a pris naiffance en Egypte,
qu'elle eft venue du fon que rendaient les rofeaux
qui croiffaient au bord du Nil, quand le vent
foufflait dans leurs tuyaux. Il faut l'avoir fait
exprès pour donner une fi mauvaife origine à
la mufique , tandis qu'on en a tant d'autres
meilleures à lui fuppofer. Quoi qu'il en foit , fi
elle eft née de ce fifflement, on peut dire que

les Anglais l'exécutent d'après ses vrais principes, car ils sifflent en chantant.

Les philosophes anciens divisaient la musique
en six branches, savoir : la musique céleste, la
musique terrestre, la musique de Dieu, la musique des hommes, la musique active & la musique contemplative. Cette division se trouve
dans notre musique moderne. Si j'en devais
faire l'analyse, je dirais que la céleste est celle
de St. Grégoire, parce qu'elle élève l'ame au
ciel : la terrestre, celle de Lulli, parce qu'elle
va terre à terre : la musique de Dieu, celle de
Mondonville, à cause de ses messes & de ses
motets : celle des hommes, la musique de Rameau, parce qu'elle est humaine & harmo-
nieuse. La musique active est celle de Piccini,
à cause du grand bruit qu'elle fait : la contemplative est celle de Glouck, à cause de l'extase
où tout le monde est à la représentation de
ses opéra. Ces philosophes donnent tant d'influence sur l'ame à la musique, que cela paraî
incroyable. Le mode Phrygien excitait Alexandre jusqu'à la fureur, mais le mode Lydien le
calmait, ce qui tenait son impétuosité en équi-
libre ; & il est heureux pour le genre humain
que ce dernier mode se trouvât dans la musique,

fans quoi ce conquérant eût réduit l'univers en cendres.

Un roi de Danemarck était fi agité par la mufique, qu'il tuait tout ce qu'il rencontrait ; ce qui a fait dire plaifamment à quelqu'un, qu'il fallait faire mourir la mufique de ce tems-là, comme coupable de haute trahifon. Boyle parle d'un chevalier gafcon qui, au fon de la corne-mufe, ne pouvait retenir fon urine. Si notre mufique produifait le même effet, cela ferait fort commode pour notre faculté de médecine, qui n'aurait qu'à ordonner à ceux qui font attaqués de la rétention d'urine, une décoction de fon de cornemufe, infufée dans deux drag-mes d'ariettes. On cite un certain Peter hollandais qui brifait un verre au fon de fa voix, c'eft tout ce que peut faire le grand Jupiter en foufflant fur la terre. Kirper parle d'une certaine pierre qui frémiffait au fon d'un tuyau d'orgue, chofe que ne fait pas le tonnerre qui ébranle les corps, mais qui ne les fait pas frémir. On fait que la morfure de la Tarente fait danfer les gens ; il y a apparence que cette araignée a plus de rigodons dans le ventre que le célebre Rameau n'en mit dans les danfes de fes opéra. Mr. Jean-Jacques Rouffeau dit qu'il connaît une femme à Paris qui ne peut entendre la mufique fans rire : on parle d'une autre qui ne peut l'écouter fans pleurer. Il en eft qui font quelque chofe de mieux que de répandre des larmes, fur-tout lorfque la mufique eft tendre & voluptueufe. On ne faurait douter de l'influence qu'elle a fur les hommes, lorfqu'on voit celle qu'elle a fur les bêtes. Les chiens s'animent au fon du cor-de-chaffe & en font plus avides à la curée ; les chevaux bondiffent au bruit de guerre, & deviennent fiers & audacieux ; les foldats les plus timides, au bruit des inftrumens, deviennent braves & courageux. Madame Sara G...... anglaife, qui a écrit à Naples des lettres fur la mufique, dit qu'un général, la veille d'une bataille, ayant des troupes faibles, fe recommanda à la mufique de chaque régiment, furtout à celle de la cavalerie. Elle ajoute que les trompettes & les tymbales fonnerent fi bien le lendemain, que ces troupes animées remporterent une victoire complete. En ce cas, il faut que Marlboroug, à l'affaire de Malplaquet, eût bien embouché fes trompettes, & que celles du général français fonnaffent bien mal la charge, car il fut diablement chargé. *Vice versâ*, s'il y a une mufique qui excite le courage, il y en a une autre qui rend lâche & poltron, témoin le célebre Rans des vaches, qui en faifant

reſſouvenir les Suiſſes de la ſociété agréable de
leurs dieux pénates, les portait à s'enfuir dans
leur pays pour jouir de la gloire immortelle de
traire leurs vaches, boire & fumer du tabac,
ce qui fit que les treize cantons défendirent
aux Suiſſes d'être muſiciens ſous peine de la vie,
C'eſt depuis ce temps que les Suiſſes ſe battent
toujours & ne chantent jamais.

Je reviens à l'origine de la muſique ancienne,
Après la deſtruction des grandes républiques,
on ne chanta plus ; car les barbares qui con-
quirent l'empire romain n'étaient pas de grands
muſiciens. Ce peuple ne chercha qu'à détruire,
Il ne pouvait même ſubſiſter qu'en détruiſant,
Voilà la cauſe premiere de ces ténebres épaiſ-
ſes qui ſe répandirent ſur la terre. Ce ne fut
point le haſard qui changea le ſyſtême de l'univers ; il y a toujours une cauſe premiere qui
dirige les événemens de ce monde,

On ne parle point ici de la muſique hébraïque,
grecque & romaine , dont on trouve l'hiſtoire
dans un livre fait par un moine italien ; car
du chant des anciens au nôtre, il y a là même
différence que de nous aux anciens. D'où eſt
donc venue la muſique moderne, ſur-tout l'i-
talienne qui fait aujourd'hui tant de bruit ? Elle
tire ſon origine du ſacerdoce qui tient toujours

aux mœurs, aux manieres & aux usages de chaque peuple. Lorsqu'une religion s'établit, il faut en adorer la divinité, sans quoi son culte finirait d'abord. Cette adoration forme une espece de chant plus ou moins composé, selon le génie du peuple qui établit la croyance. La religion chrétienne s'étant élevée sur les ruines de la payenne, ses sectateurs chanterent, ou pour mieux dire, psalmodierent les louanges du Seigneur ; car c'est toujours la premiere musique d'un dogme nouveau ; cette musique s'appella plain chant.

On ne sait point si le clergé chrétien, au moment de son établissement, éleva la voix vers le Ciel par des cantiques, ou s'il attendit jusqu'au troisieme siecle. Quoi qu'il en soit, s'il chanta, ce fut tout bas, crainte que les Empereurs ne l'entendissent. On sait les persécutions qu'éprouva cette église naissante. Les fideles se retirerent dans des souterreins, ou se cachaient dans des caves pour prier Dieu. Or si elle eut une musique, elle resta ensevelie dans ces antres sombres & obscurs où elle fut chantée. Les arts sont détruits tout d'un coup, & ne se rétablissent que par degré. Cependant le plain-chant vient de plus loin que la naissance du fils de Dieu. Les premiers chrétiens le tenaient des

grecs comme nous le tenons des premiers chrétiens. C'eſt un reſte précieux de la meilleure
muſique qui, ait été chantée par les hommes,
& qui toute défigurée qu'elle eſt, a des endroits très-touchans pour ceux qui ont conſervé
quelque goût pour la belle nature.

Comme l'égliſe grecque était différente de la
romaine, cette différence en a mis dans le plain-
chant moderne ; car on chante toujours comme
l'on prie Dieu. Il était impoſſible que ce chant
ne dégénérât lorſqu'on l'employa à un idiome
qui n'était pas celui pour lequel on l'avait créé.
Regle générale, toutes les fois qu'on fera paſſer
une muſique dans une langue étrangere, on af-
faiblira la muſique & la langue.

Le chant ayant été gâté, toute l'égliſe romaine pſalmodia à peu près comme nos capucins
chantent vêpres & complies. Ce mauvais goût
ne fut pas univerſel ; les prêtres prirent ſoin que
tout ce qui reſtait de ce chant ne périt pas entiérement. C'eſt à eux à qui nous devons ces
fragmens précieux qui nous reſtent de cette mélodie.

On croit qu'Ambroiſe archevêque de Milan,
en fut le premier reſtaurateur. Il eſt étonnant
que l'hiſtoire eccléſiaſtique qui a ramaſſé tant de
petites choſes, ne nous ait pas conſervé une des

plus grandes. Il ne ferait pas indifférent pour
les annales catholiques, de favoir qui eft celui
qui le premier a appris à toutes les nations chré-
tiennes à prier Dieu à l'uniffon. Le pape Grégoire a achevé ce qu'Ambroife n'avait fait que
commencer. Il n'éleva point l'édifice, il ne fit
que mettre chaque pierre à fa place. Ce chant
d'églife prit fon nom : c'eft qu'il y a des ref-
taurateurs plus utiles que les fondateurs. Lorfqu'un art refte dans fa premiere fimplicité, on
n'en parle, point ; dès qu'il fe perfectionne, les
difputes commencent. Les français ne voulurent pas chanter comme les italiens ; car ce n'eft
pas la premiere fois que les deux nations fe que-
rellerent pour favoir celle qui chante le mieux.
Les chofes étaient fort irritées, lorfque Charle-
magne parut : ce prince décida la queftion, &
jugea un grand procès. L'acte qui contient la
fentence fe trouve dans une lettre latine dont
je vais donner quelques fragmens, en m'attachant
plus au fens qu'à la lettre.

Il eft dit dans celle-ci que le feigneur Charles
étant venu à Rome pour faire fes pâques avec
monfeigneur l'Apoftolique, il s'était élevé une
guerre entre les Italiens & les Français, pour
favoir qui chantait le mieux : ceux-là préten-
daient, comme ils le prétendent encore aujour-

d'hui, avoir la voix plus claire & le gozier plus délié que les Français.

Ceux-ci foutenaient, comme ils le foutiennent encore, que leur chant avait plus de génie & de bon fens. Les Italiens difaient pour leur raifon, qu'ils avaient eu pour maitre de mufique St. Grégoire qui était des plus propres à former la voix. Les Français ne purent pas alléguer une fource fi pure de leur chant. Il y eut de groffes paroles de part & d'autre. Les Français traitaient les Italiens de pédans, les accufant de chanter comme de vrais chantres; ceux-ci traitaient les Français d'ignorans & de fots, de groffes bêtes. L'affaire fut portée par-devant le feigneur Charles, qui les ayant fait affembler, leur parla ainfi : Dites moi, quelle eft l'eau la plus claire & la plus pure ? Eft-ce celle que l'on prend à la fource d'une fontaine, ou celle des rigoles qui n'en découle que de loin ? Ils déclarerent tous que l'eau de fource était plus pure que celle des rigoles, d'autant plus qu'elle venait de plus loin. Remontez donc, dit le feigneur Charles, à la fontaine de St. Grégoire dont vous avez altéré le chant. La fentence ayant été prononcée, les Français furent déclarés en plein confiftoire de groffes bêtes en mufique. Le feigneur Charles voulant remédier à cette bêtife, demanda à monfeignèur le Pape, des maîtres de mufique pour corriger le chant français & faire de bons éleves à mufique en France.

Monfeigneur le Pape lui donna Théodore & Benoit qui étaient fans doute les Farinelli & Caffarelli de ces tems-là. Ils avaient appris à chanter d'après l'école de St. Grégoire qui était le meilleur profeffeur d'Italie. Ces maîtres parcrent nantis de toutes les pieces en mufique ; ils firent une bonne pacotille, fur-tout d'antiphonaires que St. Grégoire avait pris la peine de noter lui-même. Or lorfqu'un faint compofe de la mufique, ce n'eft pas pour rien.

Le feigneur Charles arrivé en France, envoya un de ces maîtres à Metz & l'autre à Soiffons. Il n'eft pas aifé de dire pourquoi il n'en envoya pas un à Paris ; apparemment que fes habitans n'avaient pas un goût décidé pour la mufique italienne comme ils l'ont aujourd'hui. Sans doute que le feigneur Charles, en faifant des établiffemens de chant, fe réglait fur le génie de chaque ville.

Cependant, malgré de fi bons maîtres, les Français ne firent pas de grands progrès dans la mufique italienne. Il fallait qu'alors nous euffions les mêmes défauts que les étrangers nous reprochent encore aujourd'hui ; car la lettre

latine dit que nous chevrottions en chantant ;
ce qui eſt tout juſte le vice que les anglais nous
reprochent lorſqu'ils affiſtent à nos grands
opéra.

Outre le plain-chant, il eſt une autre muſique d'égliſe, antérieure, qui fut celle des cantiques. Le premier qu'on chanta & qu'on danſa
tout enſemble, fut le cantique des cantiques. On
dit que les paroles & la muſique ſont de Salomon, divertiſſement qu'il avait compoſé pour
le jour de ſes noces avec la fille du roi d'E-
gypte. Mais les théologiens qui voient toujours
de plus loin que les hiſtoriens, prétendent que
cette piece en muſique contient l'union de Jé-
ſus-Chriſt avec l'Egliſe. Mr. de Cauſac mettait
celle-ci au rang des meilleurs opéra de l'antiquité. Il y admirait le récitatif, les ſcenes, les
ariettes, les duo & les chœurs. Mais ſon au-
torité n'eſt d'aucun poids, car lorſqu'il était
perſuadé que le mariage de Salomon eſt un ſpectacle à muſique ſemblable à celui du Palais-
Royal, il commençait déjà à ſentir les premieres atteintes de la maladie qui le rendit fou.

Cependant les peuples & les nations ne chantaient encore que des chanſons d'égliſe. Du
tems du renouvellement des arts, on porte
chez ſoi ce qu'on trouve établi dans les temples.

Le plain-chant fournît quelques idées pour la musique mondaine, comme on l'appellait alors; mais cette musique ne fit pas de grands progrès, & resta dans l'obscurité. Il régnait donc un profond silence dans la nature, lorsque l'europe vit paraître tout d'un coup une société entiere de nouveaux musiciens dont on n'avait jamais entendu parler, c'étaient les Provençaux qui se trouverent à la fois poëtes & musiciens. Il est d'abord étonnant qu'un peuple esclave qui avait croupi pendant une longue suite de générations sous le despotisme romain, montrât des talens qui ne naissent que chez les hommes libres; mais ils tenaient ces qualités du physique. L'empire du climat est le premier empire. Les Provençaux parcoururent l'europe avec leur musique & leur poésie qu'ils chanterent partout. Leur rime & leur chant étaient si féconds, que le pere Martin de Bologne qui a le plus grand magasin de musique ancienne, a six mille ariettes provençales. Il y a apparence que dans celles-ci, on ne trouve pas tant de roulades que dans celles qu'a chanté depuis le célebre Farinelli; car elles auraient écorché le gozier de tous les Provençaux.

Ces nouveaux maîtres de musique firent partout des éleves, & ces éleves devinrent plus

ou moins profeſſeurs dans la proportion de la
douceur du ciel ſous lequel ils chantaient. Les
Siciliens ſur-tout ſe diſtinguerent, ſoit qu'ils ti-
raſſent leur mélodie de ces nouveaux chanteurs,
ou qu'ils en créaſſent une eux - mêmes. Les
Anglais noterent les accens de cette premiere
muſique , & établirent ce que nous avons appellé depuis le contre-point ; ſcience qui a re-
tardé plus qu'on ne penſe les progrès de cet
art , & qui en le ſoumettant à des reglès , lui a
mis des entraves que la nature n'avait pas con-
nues avant lui ; ainſi nous devons à la nation
la moins chantante de l'europe tous les principes du chant européen.

Cet art ayant été tranſplanté , les nations ſe
le communiquerent de l'une à l'autre. On ne
croirait pas que les Flamands , peuple froid comme les Hollandais , euſſent été les premiers
maîtres de muſique des Italiens , nation vive,
active & remuante , quoiqu'elle n'en convienne
pas , car chaque peuple ne veut devoir qu'à
lui-même le progrès de ſes arts. Cependant les
Provençaux ne firent pas en Italie de grands
éleves. Dans le quinzieme & ſeizieme ſiecle on
trouve cette muſique plus reculée que la plupart
des autres de l'europe ; l'Italie ne paraiſſait pas
même diſpoſée à jouer un grand rôle en muſique.

Le premier opéra qui se donna dans le monde chantant après la décadence de l'empire romain, fut à Florence. J'ai pris la peine de faire chercher cette piece musicale dont l'original est très rare, & qu'on ne trouve guere que dans les archives de la Toscane. Rien de plus absurde que cette composition. Si les Tartares faisaient de la musique, ils en feraient de meilleure. Le contre-point, la partie instrumentale, la vocale, les récitatifs, tout y est mauvais. C'était cependant le regne des Médicis, c'est-à-dire le siecle le plus éclairé après ceux d'Alexandre & d'Auguste. Il est étonnant que ces souverains qui jetaient leurs regards sur tous les arts, aient négligé celui-ci, au point qu'il portait l'empreinte des âges barbares. L'esprit philosophique avait pourtant éclairé le genre humain. Galilée avait enseigné aux hommes le chémin du ciel; son génie l'avait élevé jusqu'au firmament où il traçait la marche des astres. Raphaël avait perfectionné le dessein, il avait déployé un art dans la peinture qui laissait derriere lui toute l'antiquité. Les autres sciences avaient suivi cette émulation. La musique seule se ressentait de la rouille des tems d'ignorance. C'est que les plus grands princes qui font beaucoup de choses, en laissent toujours plus à faire après eux. Peut-être que Louis XIV fut le feul qui en commençant un grand nombre d'établiffemens, en finit davantage. C'eft qu'il avait le fecours de trois fiecles éclairés qui lui avaient laiffé des monumens dont il fe faifit, & qu'il mit à leur place. Les ténebres qui obfcurciffaient le génie muſical, ne fe diffiperent pas encore. On continua à faire de la mauvaife mufique théatrale en Italie. Le génie de Lulli parut, & on commença à compofer fur des principes. Le contre-point n'était que des points, on en fit des notes. Cette mufique acquit affez de crédit pour exciter l'émulation des étrangers.

Toute mauvaife qu'était la mufique italienne, il fallait que celle des Français le fût davantage. La reine Médicis appella cet artifte à Paris, qu'on regarda comme le dieu de la mufique. Dans les tems d'ignorance, les profeffeurs les moins mauvais paffent pour les meilleurs ; c'eft qu'on n'a aucune idée acceffoire qui puiffe perfuader que l'art qu'on perfectionne foit fufceptible de plus grande perfection que celle qu'on lui donne. Lulli prit le parti que les artiftes devraient toujours prendre, lorfqu'ils font appellés dans un état étranger. Celui-ci ne changea pas entiérement la mufique françaife, il fondit quelques endroits faibles qui étaient fufceptibles de réforme,

me,

ine, & il laiſſa les autres comme il les avait
trouvés. Par-là, il concilia le génie des nations
françaiſe & italienne, & au lieu de ne faire
qu'une muſique, il chercha à en perfectionner
deux. Mais ce grand ouvrage était bien loin d'ê-
tre conſommé. Lulli laiſſa des vuides immenſes
à remplir.

Cependant l'on voit par les établiſſemens publics, qu'il faut que les gouvernemens d'Italie euſſent découvert de loin quelques lueurs
de la révolution que cet art allait cauſer. Naples
éleva des hôpitaux qu'on appella conſervatoires,
où l'on apprit aux pauvres citoyens à chanter pour
l'amour de Dieu. C'eſt de ces écoles de chant, que
ſont ſortis ces fameux mendians qui font aujour-
d'hui tant de bruit en Europe. Les fondations
de ces hôpitaux étaient des œuvres pies, éta-
blies afin que ces muſiciens chantaſſent la gloire
du ciel; mais ils exalterent bientôt celle de la
terre.

Veniſe fit le même établiſſement; on peut regarder ces hôpitaux comme les piliers de la muſique italienne; cependant elle ne fit pas de
grands progrès. Sa barbarie dura encore. Ce
ne fut guere qu'au commencement de ce ſiecle
qu'elle ſortit de ce cahos où l'ignorance des âges
précédens l'avait laiſſée. On peut regarder Co-

relli, Perez, Rinaldo, Jumelli, Pulli, Haſſe,
Teradelias, Galuppi, Durante (le plus grand
muſicien de tous, & qui aurait fait lui ſeul une
muſique s'il n'en avait point trouvé de faite),
Vinci, Leonardo Leo, Porpora & quelques
autres maîtres qui les avaient précédés, comme
ſes créateurs.

Comme la compoſition n'avait pas corrompu
les compoſiteurs, & que l'art n'avait pas forcé
la nature, ces profeſſeurs entrerent aiſément dans
la carriere de la muſique, & la dirigerent ſur
de vrais principes. C'eſt pour la premiere fois
qu'on vit un art ſe perfectionner en quelque
façon au moment de ſa naiſſance, & dégénérer
enſuite à force d'étude & dé combinaiſons.

Il y avait près de cent ans qu'on avait ouvert le théatre d'opéra en Italie, mais on y chantait ſans muſique, & on y repréſentait ſans repréſentation. C'étaient de mauvaiſes pieces, exécutées par de mauvais acteurs.

Ces nouveaux fondateurs changerent tout le
plan du théatre lyrique. Ce fut un ſpectacle nouveau de voir des profeſſeurs ſans guide entrer
dans une carriere qu'ils créaient en même tems
qu'ils en jetaient les premiers fondemens ; &
c'eſt peut-être parce qu'ils n'avaient pas de guide,
qu'ils ne s'égarerent pas ; car dans les arts d'i-

magination, plus on imagine, & moins on approche de la perfection, parce que la nature est simple, & que ce qui est très-composé s'éloigne de ses principes.

Ces premiers maîtres, dans leurs opéra, s'attacherent aux récitatifs; c'était là le fort de leur travail, parce que c'était là la piece. Comme l'opéra n'est qu'une tragédie notée, chaque partie du récitatif a une expression analogue au sujet; il a varié selon les accidens. Chacun de ses endroits était lent, vif, gai, pathétique, selon que les événemens de l'intrigue le portaient, de même qu'on le voit aujourd'hui dans la tragédie parlante. Quand il était question d'une catastrophe, l'acteur ou l'actrice, par le secours d'une musique simple & peu composée, agitait les spectateurs, les touchait, les émouvait & leur faisait sentir la même passion dont il étoit lui-même agité. En un mot, le récitatif était l'opéra; de-là vient cette expression dont les gens de théatre se servent encore aujourd'hui : *hò recitato a Milano, va lo a recitare a Torino.* Ils ne se servent point du terme chanter, parce qu'on ne chantait presque point, & qu'on ne faisait que réciter. L'ariette ne vint qu'après. Je parle de la grande ariette, telle qu'on la chante aujourd'hui. L'acteur employait tout son talent à dire bien le

récitatif. Le filence qui regnait alors au théâtre
l'y invitait. La mufique qui fuivait le récitatif
était fimple, dépouillée de notes ; l'expreffion
directe fe fait toûjours mieux fentir que la réflé-
chie. L'acteur n'était point diftrait par des fons
étrangers. La partie inftrumentale de l'ariette
était compofée d'une petite ritournelle qui en
annonçait le motif, & qui finiffait au moment
que le chanteur commençait. L'accompagnement
ordinaire était avec le claveffin, le violoncelle,
un ou deux violons ; prefque jamais avec le
corps de l'orcheftre, à moins que ce fût avec
les fourdines. Il réfultait de ce filence que l'acteur qui fentait qu'on l'écoutait, s'écoutait lui-
même & s'obfervait de près. Comme le compofiteur ne fortait point de la nature, & qu'il
faifait la mufique pour des hommes, il les faifait
chanter en hommes, & non en oifeaux. Il n'empruntait pas leur gazouillement pour exprimer
les paffions humaines : les tons aigus étaient ban-
nis de la fcène. Il fuivait de cette mélodie fimple & naturelle que l'acteur chantant commodé-
ment & fans effort, tirait des fons très-harmo-
nieux. Ces fons fe répandaient par tout le théâtre ; chaque fpectateur entendait l'opéra. L'acteur n'étant pas obligé de courir après les notes,
il en était plus le maître de fon fujet, ce qui lui

donnait la facilité d'y mettre toute l'expreſſion
qu'il voulait.

Les compoſiteurs qui n'avaient d'autre muſique à faire que celle du chant , travaillaient les
airs dans leur ſujet. Ils modulaient chacun par le
caractere qui lui était propre. La muſique de
celui ou de celle qu'on a appellé depuis *il primo
uomo* , *la prima donna*, n'était ni plus compoſée,
ni plus difficile que celle des autres. Le maître
ne faiſait point la muſique pour des noms, mais
pour la piece. Si dans les derniers rôles il y avait
des endroits qui demandaſſent une grande expreſſion, il l'y mettait, car l'opéra était pour tous
les repréſentans , & non pas pour deux ou trois
acteurs. Cette émulation d'un chacun faiſait que
la tragédie miſe en muſique était chantée par tous
ceux qui la compoſaient. Bernacchi fut encore
donné à cet âge pour le rendre illuſtre. Celui-
ci était de Bologne , ville autrefois le magaſin
de la muſique, & devenue aujourd'hui ſon tripot.
Il fit pleurer toute l'Italie par un chant qui était
à lui ; mais ce qui le rendit plus célebre encore ,
fut l'école de muſique qu'il ouvrit pour former
des éleves. L'imagination eſt effrayée en conſi-
dérant le nombre des moyens qu'il mit en uſage
pour faire chanter. Cette école fut un vrai mo-
dele de perfection. Ce fut de celle-ci que for-

tirent ces fameux muficiens qui firent tant de bruit dans le monde chantant ; mais qui dégénererent bientôt pour avoir pouffé cet art au delà des bornes que la nature lui a prefcrit.

Comme dans les profeffions tout dépend d'un premier mouvement, & qu'un feul homme fuffit pour exciter l'émulation, on trouva alors au delà de cent profeffeurs des deux fexes qui fe diftinguerent dans cet art , comme Farinelli, Egiptielli, Monticelli, Reggianelli, Caffarelli, Salimbelli, Appianini, Cariftini, Elifi, Amorevole, Raff, Balini, Babi, &c. &c. chacun avait fa maniere de chanter qui lui était particuliere.

Les femmes qui donnent le ton par-tout, le donnerent à cette nouvelle mufique.

La Fecuftina fut peut-être la premiere qui enfila huit notes d'un feul trait, & fit ce qu'on appella depuis *una volata* : cette volade fut comme l'avant-coureur de la décadence de la mufique.

La Cozzoni tira des fons qui furprirent, mais qui ne toucherent pas ; cependant elle acquit une haute réputation, car elle enfilait auffi la volade.

La Tefi rendit la fcène intéreffante : elle donna de l'expreffion à la mufique en faifant paffer dans l'ame des fpectateurs ce qu'elle fentait elle-même; avec une voix ingrate, elle fe rendit agréable ; c'eft la premiere actrice qui a récité bien, en

chantant mal : quoique la nature l'eût privée de
la beauté , elle forma de grandes paffions. Ceux
qui l'aimerent furent attachés à elle invincible-
ment. Lorfqu'une femme laide fe fait aimer, qu'on
l'aime long-tems , c'eft qu'elle a des qualités indépendantes de celles de la beauté. Plus de
vingt autres chanteufes du même tems , qui fe
furpafferent l'une l'autre , donnerent une grande
réputation à la mufique italienne par l'endroit
même qui la défigurait. Mais ces talens des deux
fexes gâterent les talens : tout le monde voulut
chanter comme Farinelli , mais perfonne ne chanta : chaque femme voulut imiter la Fauftina ,
& perfonne ne l'imita. Il n'y a eu qu'un feul
Egiptielli.

Un grand poëte qui parut alors , fit peut-être
plus pour cet art , fans être muficien , que les
maîtres mêmes qui le perfectionnerent.

Ce poëte était Pierre Metaftafio. Il eft impoffible de mettre plus de douceur, plus d'harmonie qu'il en a mis dans fes vers. Un chacun
peut juger de leur beauté , parce que chacun a
une ame , & que cette ame eft fenfible. Cette
poéfie a cet avantage , qu'elle eft fi harmonieufe ,
qu'on pourrait la chanter fans mufique , & former un opéra fans note ; mais elle eft combinée
de maniere que le mode italien feul lui convient.

Lasciami, o ciel pietoso
　Se non ti vuoi placar
　Lasciami respirar
　Qual che momento;
Rendasi col riposo
　Al meno il mio pensier
　Abile a sostener
　Nuovo tormento. (*a*)

Pensa che figlia sei,
　Pensa che padre io sono;
　Che i giorni miei, che il trono;
　Che tutto io fido a te.
Della sunesta impresa
　L'idea non ti spaventi;
　E se pietà ti senti,
　Sai che la devi a me. (*b*)

Se pietà da voi non trovo
　Al tiranno affanno mio,
　Dove mai cercar poss'io;
　Dachi mai sperar pietà?
'Ah! per me dell'empie sfere
　Al tenor barbaro e nuovo!
　Ogni tenero dovere
　Si converte in crudeltà. (*c*)

(*a*) Dans l'opéra de Zénobie, act. I, scène V.
(*b*) Opéra d'Ipermnestre, act. I, scène II.
(*c*) *Ibid*, act. I, scène IX.

Tu m'involasti un regno,
   Hai d'un trionfo il vanto;
   Mà tu mi cedi in tanto
   L'impero di quel cuor,
Ci esamini il sembiante,
   Dica ogni fido amante
   Chi più d'invidià è degno;
   Se il vinto ò il vincitor. (a)

Oh Dio! non sdegnarti:
   Lo vedi, lo senti,
   Non trovo gli accenti,
   Non posso parlar.
Il cenno rispetto;
   Mà come spiegarmi,
   Se l'alma nel petto
   Mi sento gelar. (b)

Ah! se in ciel benigne stelle;
   La pietà non è smarrita,
   O toglietemi la vita,
   O lasciatemi il mio ben.
Voi che ardete ognor sì belle;

(a) Opéra d'Antigone, act. I, scène VIII.
(b) Opéra de la naissance de Jupiter, scène III.

Del mio ben nel dolce afpetto
Protegete il puro affetto
Che ifpirate aquefto fen. (a)

<hr/>

Qu'on mette de la mufique fous ces paroles,
on trouvera des ariettes italiennes : c'eft que l'a-
riette eft faite avant les notes. Qu'on traduife
ces mêmes paroles en français, qu'on y mette
des nottes, & on y trouvera une mufique qui
n'eft ni l'une ni l'autre, mais un mélange con-
fus qui ne rend ni l'expreffion françaife, ni l'i-
talienne.

Ce qui empêche qu'une nation chante comme
une autre, eft la différence de l'accent ou dialecte que la nature a donné différent à chacune.
La recherche de l'accent de chaque peuple ferait
un morceau bien intéreffant dans l'hiftoire parlante de l'humanité. On y découvrirait la caufe
qui fait que dans un certain pays de la terre,
on s'exprime fur un ton plus haut ou plus
bas, que dans un autre. Il n'eft pas queftion
ici de l'accent grammatical, c'eft-à-dire des regles de parler, qui font les principes de chaque langue, mais de cette chanfon que cha-

<hr/>

(a) Le héros chinois, act. I, fcène II.

que nation chante en parlant. Vouloir réduire tous les peuples à la même harmonie, ce ferait prétendre que tous les peuples parlaffent la même langue. Il ne ferait pas impoffible de réduire toutes les nations au même idiome, ainfi qu'on voit aujourd'hui la françaife être devenue la langue univerfelle, c'eft une affaire de convention ; mais il le ferait de faire exprimer tous les hommes avec le même dialecte, parce que c'eft une affaire de climat, & qu'on ne change pas la nature. C'eft fur-tout dans la douleur, la colere & la joie qui font les trois grandes ariettes de l'accent, que fa différence eft fenfible. La douleur parlante d'un Français n'a prefque rien de trifte, celle d'un Allemand eft flegmatique, celle de l'Anglais eft fombre, & celle de l'Italien eft furieufe. Il en eft de même des premiers mouvemens de colere qui excitent le jurement. Le *Taſlitaſlondo* d'un Allemand eft ronflant & reffemble au bruit du tonnerre. Le *god denn* de l'Anglais, eft monotone. Quand le Français a dit, le *Diable m'emporte*, il a fini l'oraifon funebre de fa colere. Celle d'un Italien eft plus forte, & plus chancelante. Son *Cofpetto di Dio*, *Cofpetto di Bacco*, forment toujours un dieze très-aigu.

Quoique le pleurer & le rire foient deux accens les plus généraux dans la nature, ils ne font

pas les mêmes dans les différentes nations. Qu'on
y faſſe bien attention, & on trouvera qu'un
Polonais ne pleure pas à l'accord d'un Ruſſe,
& qu'un Suiſſe ne rit pas à l'uniſſon d'un Italien,
& ainſi des autres qui ont chacun leur accent,
pleurant & riant. C'eſt ſur ces accens nationaux
que le dialecte des théatres s'eſt formé. La tragédie, qui eſt la grande ſcène de notre monde
héroïque, en eſt une preuve convaincante. Garik
ſur le théatre de Londres ne chante pas Richard
comme Lequint chante Oreſte ſur celui de Paris.
La tragédie italienne a auſſi un dialecte différent de l'allemande. Si un nouveau légiſlateur
dialectique voulait mettre toutes les tragédies
de l'Europe à l'uniſſon, on ne s'entendrait plus au
théatre. Il faudrait alors un interprete aux ſpectateurs pour leur apprendre ce qui ſe paſſe ſur
la ſcène.

Mais c'eſt ſur-tout dans cette même muſique,
qu'on cherche à rendre uniforme, qu'eſt le grand
obſtacle de l'uniformité. Qu'un Français chante
en italien, ſon accent le trahira, Il chantera dans
le goût français avec des notes italiennes. L'Anglais qui exécute l'ariette, la ſiffle, l'Allemand
la jure, le Tartare la renie, il n'y a que l'Italien
qui la chante; c'eſt que ſon dialecte s'accorde
avec cette muſique.

Mais indépendamment de l'accent vocal qui n'eſt autre choſe que l'inflexion de la voix plus ou moins forte , n'y a-t-il pas une expreſſion muſicale propre à émouvoir le cœur de toutes les nations ? Non , il n'y en a point : chacune a beſoin d'une muſique particuliere qui ſoit analogue à ſon ciel , parce que c'eſt de lui que dépend le degré de ſenſibilité des hommes qui habitent les différens climats de la terre. On a beſoin d'une muſique bruyante pour exciter les habitans du Nord, comme des cors-de-chaſſe , des trompettes , des tambours , des tymbales. Il faut lancer la foudre pour remuer le Ruſſe. Je ne parle pas de ces Ruſſes aimables & charmans qui ſe trouvent , ou ſe ſont trouvés au milieu de nous à Paris, comme les Chevalow , Arlow , & autres voyageurs de cette nation qui ont le cœur ſi ſenſible , que non ſeulement une ariette tendre , mais qu'un coup d'œil d'une jolie femme met tout en feu ; il eſt queſtion du corps de la nation que le climat rend preſque inſenſible. Les Suédois & les Polonois demandent une muſique forte & ſonore. Il ſuffit de vaudevilles aux Français pour les exciter. J'ai aſſiſté aux opéra d'Angleterre & à ceux d'Italie ; ce ſont les mêmes pieces , & les mêmes acteurs , mais dans l'un la muſique eſt ſi calme , & dans l'autre ſi agitée, que cela tient de l'incroyable. C'est que le degré de senfibilité des deux nations est très-différent. Au milieu de tant de difonnances nationales, vouloir établir un accord parfait en mufique chez toutes les nations, c'est vouloir que le foleil ait par-tout la même influence, c'est-à-dire que tous les hommes aient la même fenfibilité. Les plus célebres rimeurs du fiecle ne manquerent pas de critiquer fa verfion. Calzabiggi qui de financier est devenu poëte, est defcendu exprès dans les Enfers (*) pour s'élever au defus de ce grand homme, mais cet effort d'imagination n'eut d'autre effet que d'enfevelir fa poéfie au milieu des ombres des Champs-Elyfées.

C'était peut-être là le moment qu'il fallait choifir pour s'emparer de la mufique italienne,& achever le fyftême de Lulli, mais c'est à quoi on ne penfa point. Voilà les hommes : ils ne faififfent jamais l'inftant où ils pourraient tirer parti des arts ; c'est toujours le hafard qui les décide, & comme le hafard n'a point de regle, ils ne fauraient donner la raifon pourquoi ils exercent un talent plutôt qu'un autre. On était fi éloigné de prendre du goût pour elle, qu'on la regardait comme

_____

(*) Il eft l'auteur de l'Orphée.

un art ridicule, & on a attendu que ce même art fût bien gâté pour l'adopter.

La musique d'église se perfectionna : *vice versâ*, jusques là on avait chanté d'après le clergé, le clergé chanta d'après la musique théatrale : c'est qu'elle était simple & naturelle, & approchait beaucoup de ces plains-chants à qui elle devait tous ses progrès. Le *Stabat mater* de Pargolesi frappa par son harmonie & la douceur de ses accords. Marcello Vénitien fit verser des larmes par la mélodie qu'il mit dans les pseaumes de David. Tout tendait à perfectionner la musique, parce qu'elle avait pour guide la nature, lorsqu'un nouvel art la gâta. On voulut la rendre plus composée, plus sonore, plus gaie, plus brillante; à force de vouloir élever l'édifice, on le renversa : on y ajouta des passages de roulades, de volades ; on fit beaucoup de cromes, de semi-cromes ; après qu'on eut bien coupé les notes, il fallut couper les hommes pour les faire chanter. On eut recours à l'art pour faire chanter la nature. C'était la gâter dans son principe & vouloir arriver à la perfection par un défaut. Les Italiens furent les seuls qui imaginerent d'exercer la musique aux dépens de la postérité. Les autres nations chantantes aimerent mieux avoir moins de voix & plus d'hommes. Les Français

ne voulurent pas fe féparer d'eux-mêmes. À l'é-
gard des Efpagnols & des Portugais , on leur
aurait plutôt ôté la vie , que ce qu'ils regardaient
comme le feul bien de la vie. La grande tuerie
s'établit dans les Etats du Pape , Prince qui n'a
jamais fait un grand cas de la population. Sa monarchie était déja remplie d'eunuques célibataires
qui faifaient vœu de n'être point hommes , & qui
le rompaient fouvent. Les chirurgiens devinrent
des bourreaux d'autant plus cruels , qu'ils tuaient
d'un feul coup des générations entieres. L'anatomie dévança la chirurgie , on difféqua les hommes avant qu'ils fuffent cadavres.

Comme il fallait défigner les lieux où étaient
ces nouveaux théatres d'anatomie , les profeffeurs
mirent des enfeignes , & ces enfeignes donnerent
fouvent lieu à des équivoques plaifans. Un Français qui venait de St. Jacques de Gallice & qui
allait à St. Pierre de Rome , paffant dans une
petite ville de Romagne , avait befoin de fe faire
rafer. Tandis qu'il cherche des yeux un lieu propre à cela , il lit ces mots fur une boutique qui
avait tout l'air de celle d'un barbier : *Qui fi
caftra ad un prezzo ragionevole.*

Il entendait affez l'Italien pour favoir ce que
voulait dire *prezzo ragionevole* , c'eft une expreffion que tout le monde qui n'a pas beaucoup
d'argent

d'argent, entend , & le pélerin était dans ce cas ;
mais pour ce qui eft de la parole *fi caftra*, il ne
la comprenait pas : cependant il crut qu'elle
fignifiait arracher le poil , rafer, ou en un mot
faire la barbe. Il entre : & comme il y avait une
chaife à bras au milieu de la boutique , il s'y
établit, & s'adreffant enfuite au maître , il lui
dit : *Signore , caftratemi.* Le maître , après l'avoir
examiné quelque tems , lui répondit : *Signor pel-
legrino , lo fervo fubito.* Il paffe dans une arriere-
boutique , & revient un moment après avec un
inftrument fait non pas pour rafer, mais pour
couper , & dit au pélerin : *Si volti fe vuole ch'io
gli faccia l'operazione. Come !fi volti ,* répondit le
Français étonné , eft-ce que tu prends mon derriere pour mon vifage ? *Mà , fignore , fe lei vuole
ch'io gli cava i tefticoli , bifogna che fi metta in
quella pofizione.* Au mot de *tefticoli* & de *pofizione ,*
le pélerin s'élance fur fon fac & fon bourdon, &
ne fait qu'un faut de la chaife à la porte, en
apoftrophant ainfi le chirurgien, étant dans la rue :
*come , birbante , tu vuoi cavarmi i tefticoli , non
tengo altri che quefti due , e tu portarmeli via ?*
Ces hommes ainfi mutilés , tout exprès pour chanter, s'appellaient les *foprani.* Leur premiere ap-
parition dans la fociété, y caufa une révolution
en Angleterre , en Hollande , & autres pays du

D

Nord où ils fe rendirent pour exercer leur art.
On eut d'abord de la peine à fe faire à leur figure, ils avaient en général la taille gigantefque,
leur vifage était blême, fans poil au menton,
avec des jambes longues & les genoux gros.

La fociété Européenne n'était pas accoutumée
de trouver parmi elle des individus amphibies qui
n'étaient ni hommes ni femmes ; on les regarda
d'abord comme des êtres d'un autre monde,
puifqu'ils n'avaient rien à laiffer après eux dans
celui-ci. Ils avaient la voix fort claire, ce qui
fit que les femmes s'en approcherent les premieres.
Comme ils tenaient aux deux genres, on ne fut
d'abord fi on devait leur faire l'amour ou le leur laiffer faire. Il fallut en venir aux expériences phyfiques.
Les eunuques s'en tirerent le mieux qu'ils purent. Lorfqu'on fut à peu près ce qu'ils valaient,
on s'arrangea en conféquence. Les femmes ver-
tueufes s'accoutumerent avec des hommes à qui
il ne manquait qu'un juppon pour paffer pour
femmes. Le beau fexe fe fit à un amour invifi-
ble qui ne laiffait aucune trace. Les jeunes de-
moifelles fur-tout qui craignaient le voifinage des
hommes, fe laifferent approcher des eunuques ;
elles trouvaient cet avantage avec eux qu'elles
pouvaient s'oublier un moment fans s'en repentir
pour toujours. Lorfqu'on eut fait cette décou-

verte , les *soprani* devinrent fort à la mode , &
comme chacune en voulut avoir un , il n'y en
eut pas pour toutes. Dans leur premier établiffement en Afie, on s'en était fervi pour garder
les femmes ; dans ce fecond en Europe , les
femmes les garderent. On les habillait quelquefois en filles, afin d'oublier qu'ils étaient des garçons, & on l'oubliait fi bien , qu'on leur laiffait
prendre certaines libertés dont on ne fe méfie
pas entre perfonnes du même fexe.

La nation des eunuques ainfi fêtée ne manqua pas de fe méconnaître; elle oublia fa baffeffe,
& porta de l'orgueil jufques dans fon humiliation
même.

Le premier coup que la corruption porta fut
fur le récitatif théatral ; celui-ci devint monotone, fans goût, fans génie; l'acteur ne chanta
plus , il parla, & parla mal. Cette premiere
partie de la repréfentation de l'opéra , devint
neutre. Elle ne tint ni à la tragédie par l'expreffion, ni à la mufique par fes accens. Ce chant
amphibie ne tenant ni de l'un ni de l'autre. La
mufique des ariettes fut encore plus vicieufe. On
quitta cette heureufe fimplicité qui en faifait
tout le mérite , on corrompit la nature à force
d'art ; il ne fut plus queftion de chanter , mais
de gazouiller ; l'expreffion théatrale fe perdit dans

une mer de notes. Chaque ariette devint ι
fonade de violon que l'acteur exécuta fur l'i
trument de fon gozier. La volade à l'octave |
le deffus ; elle dirigea l'empire de l'opéra.
partie inftrumentale étouffa la vocale. Un op:
fut formé de feize fonades &. de deux grar
concerto exécutés par le premier homme &
premiere femme. Le tambour , les týmbales,
trompettes , les cors-de-chaffe furent fubftitués
claveffin ; chaque ariette annonça un bruit
guerre femblable à celui qui fe fait entendre
jour d'une bataille. Au milieu de ce tintamar
militaire , l'acteur put détonner tant qu'il voul
Il ne fut plus queftion de mélodie, mais de faire (
bruit. Le compofiteur qui fut agiter l'air av
plus de force , paffa pour grand profeffeur.]
fcene fut changée en un bofquet de roffign
où chacun fit fon ramage. Les tons aigus pr
valurent ; celui qui ne fut pas détonner , ne f
pas chanter. L'acteur ne fut occupé que de cou
après la note qui lui échappait , & de la prend
pour ainfi dire à la volée. Il n'y eut plus d'e
preffion théatrale : toute l'action fut réduite e
roulades , &c. &c.

Ε Le même brigandage s'introduifit dans la mι
fique d'églife. Les quatre hôpitaux ou conferv:
toires de Venife firent chorus à cette corruptio

L'Emilia & la Polonia (*) firent autant de bruit dans leurs cloîtres que la Fauftina en faifait fur le théatre d'Angleterre, ou de Pologne. Le *Salve Regina*, le *Tantum ergò* furent fur le ton des ariettes. La répétition de ces fpectacles fe faifait le famedi, & le dimanche était le grand jour de l'opéra. L'églife changée en parterre était remplie de fpectateurs la plupart étrangers. Le billet qu'on prenait à la porte ne coûtait que *due foldetti*, ce qui faifait que la falle était toujours pleine. Le violon, la flûte, le hautbois, le tympanon, l'orgue, le chalumeau, étaient tous du genre féminin ; on y priait Dieu avec beaucoup de gaieté, car c'était toujours fur le ton d'un rigodon ou d'un menuet. Les actrices de ce fpectacle fpirituel ne fe voyaient qu'au travers d'une grille. Il fallait cependant que les nobles Véniciens qui étaient leurs gouverneurs, les viffent de plus près, puifque l'organifte de ces confervatoires qui dirigeait l'orcheftre, fe trouva enceinte au grand fcandale de celles qui ne l'avaient pas encore été. La mufique des églifes ordinaires ne manqua pas de participer à cette nouvelle corruption. Une meffe chantée devint un fpec-

_____

(*) C'était le nom de deux chanteufes des hôpitaux des incurables & de la piété.

D 3

tacle pour les fideles ; on y trouva toutes les
ariettes à la mode. Le *Kyrie* fut compofé d'une
Kyrielle de notes , & rien de plus gai qu'une
élévation. Le plain-chant n'ofa plus fe montrer
devant cette mufique brillante ; il fe réfugia dans
quelques cloîtres , il y fut comme enfeveli. Les
tymbales , les tambours , les trompettes, fe firent
encore entendre dans les temples où on fe rendit avec autant de gaieté qu'au théatre , parce
qu'on y exécutait la même mufique.

Malgré ce premier brigandage , Haffe, Jumelli , Polli , Galuppi & plufieurs autres maîtres
de même génie , foutinrent un peu l'ancien goût,
mais entraînés eux - mêmes dans les volades &
les paffages , les opéra fe trouverent enfevelis
dans des millions de notes. David Perez, ne fe
laiffa point aller à ce mauvais goût , toute fa
mufique tient à celle de Vinci; mais il était le
feul de fon parti, ce qui l'anéantit entiérement.

Voilà la mufique. Voici les muficiens. Com-
mençons par les femmes. Au théatre , elles ont
droit de preféance; c'eft leur empire. La fcene
eft leur lit de juftice où elles font valoir leurs
loix.

Il n'y a point de pays fur la terre où les
femmes s'adonnent plus à la mufique théatrale,
qu'en Italie ; & il n'y en a aucun où elles la

poſſedent moins. Sur trois ou quatre cents actrices qui exercent aujourd'hui la muſique, choſe
incroyable! il n'y en a que cinq ou ſix qui ſa-
chent la muſique; Mademoiſelle Gabrielli, Mademoiſelle Deamici, Mademoiſelle Taiber, &c.
&c. celles-ci liſent la muſique à livre ouvert;
les autres la liſent à livre fermé, c'eſt-à-dire ſans
livre. Les premieres chantent à l'impromptu; les
ſecondes chantent à loiſir.

Mais, dira-t-on, comment une actrice peut-
elle jouer ſon rôle ſans le moindre principe de
ſon art? Le voici: un animal muſical monté
ſur deux pieds qu'en Italie on appelle *il ſignor
maeſtro*, ſe rend chez la chanteuſe. Il frappe
un morceau de bois qu'on appelle claveſſin; ce
claveſſin rend dès ſons, ces ſons forment des
tons, & ces tons ſe trouvent dans ſes ariettes
qu'elle apprend par cœur, & lorſqu'elle les ſait,
elle va les chanter ſur le théatre d'un air auſſi
ſuffiſant que ſi elle les tenoit de ſon talent; car
Dieu garde à tous mortels qui oſeraient lui diſ-
puter le titre de *virtuoſa*: elle arracherait les
yeux d'un homme qui ſerait aſſez oſé pour lui
dire qu'elle ne ſait pas la muſique.

Ces actrices ont une autre qualité diſtinctive,
c'eſt que la plupart ne ſavent pas lire: il eſt vrai
que la lecture ne leur eſt pas abſolument néceſ-

faire , car lorfqu'on apprend la muſique par
cœur , on peut apprendre auſſi les paroles. Cette
ignorance donne ſouvent occaſion à des qui-pro-
quo aſſez plaiſans. Une chanteuſe qui donnait
un concert à Padoue , mit ſur le claveſſin un
air dont les paroles commençaient ainſi : *miſero
pargoletto , il tuo deſtin non ſai* , & chanta celles-
ci : *ſono in mare , non vedo ſponde , mi confonde il
mio periglio.* Cependant comme il en coûterait
trop de peine pour avoir à chaque opéra *il ſignor
maeſtro* , la virtuoſa pour s'affranchir de ce ſoin ,
apprend par cœur une douzaine d'ariettes qui lui
ſervent pour tous les opéra , moyennant quoi ,
la voilà muſicienne pour toute ſa vie ; elle va
de théatre en théatre étaler ſon talent. Ce magaſin poſtiche de muſique , s'appelle en terme
de l'art *il quareſimale* , nom qui a du rapport
aux ſermons des prédicateurs qui vont prêcher
dans une ville les mêmes ſermons qu'ils ont prêchés
dans une autre , & qui ſont toujours nouveaux
parce que l'aſſemblée eſt toujours nouvelle. Les
plus grandes virtuoſes ont auſſi leur *quareſimale* ; Mademoiſelle Deamici a chanté cette ariette
dans preſque toutes les villes de l'Europe :

> Si ſmariſce in tanto affanno
> Agitata in cor queſt'alma ,
> Quando mai deſtin tiranno
> Pace calma il core avrà ?

Ce fermon aujourd'hui eft un peu furanné,
car il y a vingt ans qu'elle le prêche. Mademoi-
felle Gabrielli n'eft pas fi fermonaire : elle fe
contente de répéter quelques textes de la mufique qu'elle chanta jadis ; ce qu'elle a fait à Pe-
tersbourg avec beaucoup de fuccès ; car cette nation qui eft toute neuve en mufique n'entend
pas les peres des ariettes. Pour s'accommoder à
cette mufique, les maîtres font fouvent obligés
de donner des opéra à fragmens, où chacun
met fes airs ; ce qui eft fort commode pour le
compofiteur qui n'a rien à faire, ainfi que pour
la chanteufe qui n'a rien à apprendre. Cela
s'appelle auffi un pot-pourri, mais il eft quelquefois fi pourri, que l'opéra fent mauvais.

Autrefois celles qui fe deftinaient au théatre folfiaient pendant trois ans pour fe former la
voix, fe faire à la modulation & à la mefure ;
mais on a trouvé que cette voie était trop longue. On prend aujourd'hui le chemin le plus
court, qui eft de chanter fans le favoir, & d'e-
xercer la mufique fans l'apprendre.

On fent bien que lorfqu'on ne fait pas lire,
on fait encore moins parler, ou ce qui eft le
même, on ne fait pas bien parler, par conféquent
prononcer ; auffi tous les opéra d'Italie fe re-
préfentent en langue morte. Pour remédier à

cet inconvénient, on achete à la porte le maître de langue de l'opéra; c'eſt un petit livre qui
dit ce que les acteurs chantent.

Dans tous les pays chantans, il faut une voix
pour chanter ; en Italie on n'en a pas beſoin,
il ſuffit d'avoir le gozier flexible, & d'imiter le
chant de quelque oiſeau, fût-ce celui du coucou,
pour être admis au théatre & y jouer un rôle.
Auſſi on peut dire de la plupart des opéra ce
que l'oiſeau napolitain dit le jour de la répétition générale des bêtes : *ob mall'ora chiſto è la*
caſa dello Diavolo ! Il eſt aiſé de juger de la naiſſance de ces virtuoſes par leur éducation & leurs
talens. En général elles peuvent prouver les quatre quartiers de roture.

Les eunuques ſont les plus grands muſiciens ;
condamnés en naiſſant à une profeſſion d'où ils
doivent tirer leur ſubſiſtance, ils s'y livrent tout
entiers, & y réuſſiſſent. Cependant quoique la
république des eunuques ſoit aujourd'hui très-
conſidérable, on n'y compte qu'un très - petit
nombre de bons chanteurs. Il y a encore moins
de bonnes baſſes-tailles ; leur nombre eſt moindre que celui des eunuques.

Cependant l'Italie eſt remplie de théatres ;
chaque capitale, chaque ville, chaque village
a preſque le ſien : on entend aujourd'hui des

ariettes là où jadis on n'entendit que le chant des oiseaux. L'Angleterre qui est aussi grande que l'Italie, n'a qu'un opéra. La France qui l'est beaucoup plus, n'en a pas davantage. Toutes les villes d'Italie sont aujourd'hui à l'unisson. Alexandrie, Bergame, Bologne, Bresse, Come, Cremes, Ferrare, Florence, Gênes, Livourne, Lodi, Mantoue, Milan, Modène, Naples, Novarre, Parme, Pavie, Plaisance, Pise, Rome, Sienne, Turin, Trieste, Venise, Vérone, Forli, Rimini, Ancone, Pesaro, St. Jean, Regio, &c. &c. ont leur théatre.

On fera peut-être bien aise de voir le code législatif de toutes ces républiques à ariettes, d'autant plus que le célebre Montesquieu, qui a parlé de tous les gouvernemens de l'univers, n'a rien dit de celui-ci. Lorsque l'Italie fut déclarée nation chantante, il se forma au milieu d'elle un commerce inconnu aux Syriens, aux Arabes, & aux Chaldéens. L'air fut mis en parti, & l'harmonie devint une industrie publique. On vit paraître des marchands d'ariettes, on appella ceux-ci entrepreneurs. Ils allaient de ville en ville faire chanter les musiciens qu'ils avaient loués.

Comme dans tous les pays il s'établit une nouvelle branche de commerce, il s'y forme des

magafins d'entrepôt : Bologne fut celui des chanteurs & des chanteufes. On ne faurait trop dire
pourquoi cette ville qui appartient aux fuccef-
feurs de St. Pierre , fut choifie par la bande
joyeufe , préférablement à celles des autres états
temporels , fi ce n'eft que le Pape en qualité de
pere de miféricorde ; embraffant tout , cette
ville devint par-là le refuge des plus grands pé-
cheurs.

Les chanteufes fe vendirent affez bien dans
le commencement de leur établiffement , mais
infenfiblement le commerce diminua, & les ac-
tions baifferent. Leurs véritables entrepreneurs
aujourd'hui font le public. Ceux de théatre ne
leur donnent gueres que pour acheter des rubans , des mouches & des gants. Elles ne fe ven-
dent plus au théatre pour chanter , mais pour
y faire chanter les financiers , & elles font d'affez
bons éleves dans ce genre de chant ; les Anglais
fur-tout font leurs meilleurs écoliers.

Dans les grandes villes où le luxe eft toujours
en proportion de la richeffe publique , leurs ho-
noraires leur font payés en diamans , boîtes ,
montres d'or & bijoux à brillans ; mais dans les
petites , & celles qui font pauvres , comme dans
la Romagne , ils leur font comptés en chapons ,
canards , oyes & faifans. Ces denrées fuivent

toujours le cours de la place. Lorſque les an-
nées ſont abondantes , on leur donne une bête
par tête , mais quand elles ſont un peu ſtériles,
on diviſe une bête en deux têtes. Cette diviſion
me fait ſouvenir d'une hiſtoire arrivée à Ceſena,
petite ville du Pape , qui eſt fort pauvre par la
raiſon qu'elle appartient au Pape. Un ſeigneur
du lieu ayant aſſiſté à l'opéra un dimanche qui
eſt le grand jour des ſpectacles dans la Romagne, fut ſi enchanté du talent de la premiere &
ſeconde actrice, qu'il leur envoya le lendemain
un chapon pour les deux. Le domeſtique qui
fut chargé de cette diſtribution du préſent, fit
très-bien ſa commiſſion, leur déclarant l'intention du donateur. Les deux chanteuſes qui lo-
geaient enſemble avaient la cuiſine en commun,
mais les ménages étaient ſéparés. Comme le préſent était à moitié , les frais de la cuiſſon devaient
être de même ; chacune mit ſon fagot au feu ,
& quand le chapon fut rôti, on ne s'accorda
pas ſur la diviſion. Ce partage fit plus de bruit
que celui de la Pologne qui s'eſt fait ſans faire
crier la poule. La premiere actrice prétendit
qu'il lui revenait les deux ailes , une cuiſſe , &
le croupion. La ſeconde actrice qui était napolitaine voyant ces prétentions, s'écria avec l'emportement de ceux de ſa nation : *Matiaggio dell'*

anima del Capone, e che cosa mangierò io? un C.....
La premiere actrice ne voulut pas démordre de
ses prétentions ; la seconde prétendit son droit :
des paroles on en vint aux injures , & des injures on passa aux gourmades ; & elles eurent le
tems de s'arracher quelques poignées de cheveux avant que la maîtresse du logis vînt les
séparer. L'affaire fut portée devant l'auditeur fis-
cal , car en Italie, lorsqu'il est question de coups,
cela regarde le fisc. Comme le chapon formait
le corps du délit , on le porta tout rôti chez le
juge pour conviction du débat. On le posa en
entrant sur une table de l'antichambre , en attendant que le juge prononçât sur le partage.
L'affaire fut débattue juridiquement , & dans
toutes les regles du barreau ; les parties furent
entendues tour à tour séparément , ensuite re-
colées & confrontées légalement , le tout sans
avocat ni rapporteur pour éviter les frais des
mangeurs. La premiere actrice qui parla la premiere prétendit que les deux ailes du chapon
lui revenaient de droit à cause d'une ariette de
Mr. Glouck qui avait beaucoup plu ; & qu'à
l'égard de la cuisse & du croupion, ils lui revenaient de droit pour sa quote-part. La seconde prétendait que le partage devait être égal à
cause d'un petit menuet *del sassone* qui était dans

fon rôle , & qui valait mieux que l'ariette du baron Allemand. (*)

Le cas était embarraffant pour le juge. Un auditeur fifcal ne fait guere la mufique. Le tour du gofier & les volades ne font pas fon fait : il fait voler, mais c'eft dans un autre genre. tandis que le fifcal avait prononcé en faveur de celle qui devait manger le chapon , le chapon était déja mangé. Deux procureurs affamés , comme ils le font tous, étant venus ce matin à l'audience, appercevant la bête rôtie fur une table , n'en firent pas deux , ils la dépécerent & la mangerent toute entiere , de maniere que quand les deux virtuofes vinrent pour jouir du chapon felon l'ordonnance du juge , elles ne trouverent plus que des os. Cefana eft pourtant la ville du pontife regnant , ce qui prouve que les plus grands princes chrétiens ne naiffent pas toujours dans les villes les plus riches de la chrétienté.

Les théatres ayant augmenté en Italie , les mœurs dégénérerent avec eux ; le vice defcendit de la fcene & fe répandit dans la fociété générale. Les paffions fuivirent le génie de la

---

(*) Mr. Glouck,

mufique : on peut dire qu'elles furent toutes à l'uniffon.

Lorfqu'on fait un établiffement vicieux dans une ville, la corruption n'eft qu'en proportion rélative de cette ville ; mais lorfqu'on fait le même établiffement dans chaque ville, la corruption eft en proportion rélative de toutes les villes.

Le pays du Pape ouvrit lui feul vingt-quatre théatres ; c'était ouvrir une porte bien large à la débauche. Nos docteurs de morale qui fe récrient tant fur les fpectacles, nous font affez fentir le danger qu'il y a de les fréquenter.

Voici un autre inconvénient de la mufique italienne, c'eft-à-dire le peu de tems qu'on donne aux maîtres. L'entrepreneur leur envoie le fujet quinze jours avant l'ouverture du théatre pour compofer la mufique, ce qui eft tout jufte le tems qu'il faut pour l'eftropier. Il eft vrai que les profeffeurs ont imaginé un moyen très-court pour compofer l'opéra le plus long. Ils ont des maîtres croupiers fous eux à qui ils font faire toute la partie du récitatif ; refte quinze ou feize ariettes. Sur celles-ci on en choifit trois qui travaillent, c'eft-à-dire l'*aria cantabile*, l'*aria di bravora* & il *duetto*, moyennant quoi l'opéra eft compofé ; car les autres font de petits menuets, des rondeaux,

deaux, & autres bagatelles en musique qui ne
signifient rien. Voilà la clef de cette énigme
que les maîtres Français n'entendent pas ; car
lorsqu'on dit que Boranello a fait cinquante
opéra, cela veut dire qu'il a fait cent ariettes
& autant de *duo*. Il y a une autre cause de cette
sécheresse de musique. Les professeurs n'ont pas
le droit de faire valoir leurs talens. Il n'est permis dans un opéra qu'au premier Eunuque &
à la premiere femme de chanter ; tout le reste
doit psalmodier. C'est là la loi établie ; & un
compositeur qui la violerait, serait regardé comme un professeur qui ignore les regles du théatre. Il faut même, pour faire briller ces deux
personnages, qu'il gâte le reste de sa musique.
C'est encore ici une loi fondamentale ; & les
maîtres qui entendent leur métier, n'y manquent pas. Si malheureusement un second eunuque s'avisait de chanter mieux que le premier, ou qu'une troisieme actrice montrât plus
de talent que la premiere, ce ferait une dissonnance
à musique capable de ruiner l'opéra, car alors les
deux premiers acteurs qui ne veulent jamais être
comparés aux seconds, se croiraient déshonorés
par cette comparaison. En voici un exemple ré-
cent : la seconde actrice de l'opéra du théatre du
concombre à Florence, de l'année passée, ayant

E

mieux chanté que la premiere, cette licence
caufa une révolution dans le fpectacle. Celle-
ci fe plaignit amérement à l'entrepreneur de la
violation de fes droits. Il y eut des factum im-
primés à ce fujet ; car enfin, difait-on, s'il eft permis à une feconde actrice de chanter auffi bien que
la premiere, qui voudra s'engager pour premiere
chanteufe? Si ces exemples n'arrivaient tous les
jours fur les théatres italiens, on aurait de la
peine à croire que cet art fût arrivé à ce point
de brigandage.

On croirait que par cette facilité de compofer
les opéra, on ne donnerait que du nouveau ;
mais c'eft précifément tout le contraire. Un étranger qui voyage en Italie court rifque de faire
deux cens lieues, & d'entendre tous les foirs le
même opéra repréfenté par des compagnies différentes, fur-tout dans le genre comique qui eft
le goût dominant. Ce défaut de variété me fait
reffouvenir d'une aventure affez plaifante à ce
fujet entre deux voyageurs qui allaient à Venife
& qui fe rencontrerent paffé Turin. L'un était
un feigneur italien, & l'autre un milord anglais.
Ils s'étaient connus à Londres où l'Anglais
l'avait fouvent défrayé des fpectacles. L'I-
talien voulut prendre fa revanche en le défrayant
à fon tour du théatre. Ils allaient à petites jour-

ñées. En arrivant à Milan, l'Italien mena l'Anglais au théatre à musique où ils assisterent à la représentation de la *Frascatana*. (*) Arrivés à Plaisance, ils se rendirent au théatre où on donna la *Frascatana*. A Parme ils y trouverent la *Frascatana*. A Bologne on représentait la *Frascatana*. A Ferrare on joua la *Frascatana*. Enfin arrivés à Venise, qu'aurait-on donné si ce n'est la *Frascatana* ?

L'Anglais voyant que cette piece le suivait par-tout, alla s'imaginer que l'Italien son compagnon de voyage avait à sa suite une troupe de campagne à ses gages qui le suivait ; le soir comme l'Italien l'invita au théatre, le Breton lui dit : *Signore, sempre Frascatana, sempre Frascatana, datemi questa sera la serva padrona.*

Malgré la répétition de ces opéra, il n'y a pas de pays au monde plus fécond en opéra. Lorsque j'étais à Venise, il y avait un fameux défi entre un maître tailleur & un maître de musique qui travaillaient à leurs pieces. L'émulation dans leurs arts était si grande, qu'à mesure que le tailleur coupait un habit le maître de musique notait un opéra. Ce dernier l'emportait toujours

---

(*) Piece comique du Me. de musique Ansossi.

fur le premier, ce qui faifait dire qu'il avait plus
de génie dans fon art, que le tailleur ; & s'il
en faut juger par le nombre de fes pieces, il
juftifiait fa réputation.

Le mal eft que le brigandage de la mufique
italienne s'étend dans toute l'Europe. Il n'y a
point de cour dans notre monde qui n'ait fon
brigandage italien. La contagion des roulades
& des volades s'eft communiquée chez toutes
les nations chantantes. C'eft aujourd'hui la grande
maladie à la mode. Les ariettes ont pris le deffus.
Toutes les mufiques ont cédé à cette mufique.
La France feule avait échappé à ce goût qui
ne peut être que celui des Italiens ; mais, comme on l'a déja vu dans la préface, la France
eft menacée d'une invafion d'une forte de muficiens qui jufqu'ici lui ont été inconnus. C'eft ce
qu'on peut voir par la requête fuivante que les
eunuques d'Italie doivent préfenter inceffamment
à Mr. de la Ferté.

A
REQUÊTE
PRÉSENTÉE
A Mᴿ. DE LA FERTÉ,
Adminiſtrateur de l'opéra de Paris,

PAR LES EUNUQUES ITALIENS.

NOUS eunuques chantans, repréſentons très-humblement à votre très-excellente excellence, que nous trouvant ſans teſticules & ſans nos maîtres, attendu que les ſieurs Glouck, Picchini, Sacchini & Traetta ſont employés à l'opéra de Paris, & que ceux qui nous reſtent, ayant flairé de loin les louis d'or, ſont prêts à s'enfuir pour y aller offrir leurs ſervices, nous ſommes à la veille de nous trouver ſans emploi ; car ſi nos maîtres ne font plus d'opéra, comment chanterons-nous ? Et ſi nous ne chantons pas, comment vivrons-nous ? Nous vous ſupplions donc de nous renvoyer nos maîtres, ou de nous rembourſer. Mais comme le rembourſement eſt impraticable, nous vous conjurons de nous recevoir nous-mêmes à l'opéra ; de cette

E 3

maniere vous aurez les ânes & les ânons ,
ou fi vous aimez mieux, les vaches & les veaux
d'où vous pourrez traire la véritable mufique
napolitaine ; car c'eft en vain que vous voudrez
donner de la mufique italienne fans Italiens.
Il eft vrai qu'il faudra que le magafin de l'opéra
faffe la dépenfe d'une école de langue pour nous
apprendre à nous énoncer fur le théatre ; car
quoique nous fachions affez du français pour
favoir que *fignore* veut dire *monfù*, que *anima
mia* veut dire *ma ame* , que *caro bene* veut dire
un bien cher , que *deftin tiranno* veut dire *tiran
deftin* , nous ne fommes pas affez au fait de la
conftruction pour jouer un rôle en français. Vous
pourriez même en nous employant , vous paffer
des femmes en nous fubftituant à leur place ;
vous favez que nous avons la voix auffi claire
qu'elles , ce qui ferait un coup d'état pour la
ville de Paris , en prévenant par-là la ruine des
plus grandes familles. Il faut qu'un adminif-
trateur porte fes regards fur l'économie civile.
Un opéra compofé d'eunuques n'eft pas fans
exemple. Dans la capitale du monde chrétien
où il eft défendu au beau fexe de paraître fur
la fcene , les eunuques y chantent en cornette
& en grands paniers , pourvu que fous leurs
juppons ils aient des culottes , car à Rome les

garçons habillés en filles ont befoin de culottes ;
& on dit qu'à Paris elles commencent à n'être
pas mal néceffaires.

Si le plan eft de votre goût , & que vous
vouliez remettre en figure fur la fcene du palais
royal Mlle. Chevalier qui a fait fi long-tems les
honneurs de l'opéra , nous vous enverrons un
grand eunuque furanné, qui a des fons extrêmement aigus avec des élancemens de voix fi
frappans qu'on l'entendra du palais royal aux
thuilleries.

Pour remplacer Mlle. Arnoud , fujet d'un
grand mérite , nous lui fubftituerons un vieux
châtré fec & fans dents , méchant comme un
âne noir , qui chante avec beaucoup d'expreffion , mais prefque jamais en mefure. Comme
cette chanteufe aime beaucoup la porcelaine , il
viendra avec lui un vieux Duc ufé qui lui fer-
vira de magots de la Chine.

A la place de Mlle. Dumenil , nous vous
donnerons un très-joli eunuque qui joint l'efprit à la figure , il eft tout plein de talens. Il
touche le claveffin , pince la guittarre & la
harpe comme un ange , bon muficien , mais
ayant une voix ingrate. Cet eunuque aime tant
à plaire , qu'il voudrait plaire à tous , mais
c'eft en lui plutôt une coquetterie de cœur ,

E 4

qu'une paſſion de l'ame ; il veut qu'on l'aime ſans
s'embarraſſer d'aimer. S'il fait quelques tours dans
ʝe pays de Cythere, c'eſt ſans avoir un goût
décidé pour le Dieu d'amour.

Pour jouer le rôle de Mlle. Roſalie, nous
vous enverrons un eunuque que la nature n'a
pas tout-à-fait achevé, car il lui manque trois
lignes de nez, & ſix toiſes d'eſprit ; mais ce
que la nature lui a refuſé d'un côté, elle le lui
a donné de l'autre, car s'il a le nez petit, il a
la bouche grande ; jouiſſant d'ailleurs d'un pri-
vilege attaché au théatre, haut, fier., ſuperbe,
& impertinent ; le tout ſans avoir du talent.

Nous ſubſtituerons à Mlle. Duplan un eunuque qui a beaucoup d'éclat ſur la ſcene, mais
qu'on ne connaît plus à la maiſon, d'ailleurs
bon, franc & honnête. Nous ne vous dirons
rien de ſa voix, vous l'entendrez.

A la place de Mlle. Duranci, nous vous enverrons un eunuque qui deſcend en droite ligne
d'Eſope. Il eſt laid comme un ſinge, & ſur le
marché, grimacier en chantant.

Pour remplacer Mlle. la Guerre, nous vous
donnerons un eunuque qui a une belle voix,
mais qui eſt méchant comme un Diable. Celui-
ci ferait la guerre aux Dieux, s'il ne craignait
de ſe brouiller avec les hommes dont il a beſoin.

A la place de Madame Larivée, nous vous donnerons un eunuque qui eſt arrivé dans ce monde au commencement de ce ſiecle, & qui chante aſſez bien pour un vieillard.

Au lieu de Mlle. Châteauneuf, nous ſubſtituerons un eunuque qui a une aſſez mauvaiſe voix & chante faux ; vous avertiſſant que celui-ci jure & blaſphême comme un grenadier ; s'il ne lui manquait les parties militaires, nous l'aurions fait ſoldat dans les troupes du roi de Pruſſe.

A l'égard des Dlles. des chœurs, nous vous enverrons une trentaine d'eunuques de tou âge de tout poil & de toute taille. Il y en a des vieux, des jeunes, des bruns, des blonds, des grands, des petits ; ceux-ci peuvent ſe tenir deux heures ſur leurs pieds, & repréſenter au théatre comme les figures qu'on voit dans les tapiſſeries de Flandre. A l'égard de leurs voix, comme ce font des invalides de l'opéra, & qu'on ne les a que pour faire du bruit ſur la ſcene, les trente ſujets que nous vous envoyons font excellens pour cela. La plupart croaſſent comme des corbeaux. Ils peuvent même imiter les grenouilles : de maniere que vous pourrez remettre l'opéra des Palatins de Mr. Rameau où il y a un grand chœur de ces inſectes.

Si vous vouliez aussi relever quelques-uns de vos acteurs en hommes, nous pourrions vous envoyer d'excellens sujets : par exemple, à la place de Mr. le Gros, nous vous enverrons une haute-contre qui représente le comte du tonneau. Celui-ci fait semblant d'avoir de l'esprit, ce qui fait qu'il n'en a point. Il chante bien, mais la haute-contre que nous vous enverrons chantera mieux.

A la place de Mr. Larivée, nous vous enverrons une basse-taille qui a fort belle voix. Il poudrait autrefois des cheveux, aujourd'hui il frise la musique.

Mais comme il faut à l'opéra de Paris un magasin de musiciens pour doubler les malades ou ceux qui font semblant de l'être, ce qu'on peut regarder comme des chevaux de relais en musique ; nous vous enverrons les eunuques suivans, savoir : Guadagni, Guarduccio, Manzoli, Tenducci, Aprile, Pacciarotti, Rauzini, &c. qui vous suffiront pour la doublure de l'opéra.

La plupart de ceux-ci ont reçu leur brevet d'invalides, & font morts musicalement, mais ils ne l'auront pas plutôt qu'on veut les recevoir à l'opéra de Paris, qu'ils ressusciteront ; car les louis d'or chez nos très-chers freres les eunu-

ques, ont la vertu du fleuve Lethée ; ils ou-
blieront leur âge. Guadagni eſt un jeune muſicien de ſoixante ans ; mais malgré cet âge, il
a encore quelques tons doux, moëlleux & ſou-
tenus qu'il donne au public comme s'ils étaient
tout neufs, quoiqu'il y a quarante ans qu'il s'en
ſert. Jadis aimé des hommes & chéri des femmes. Un écrivain a dit de lui qu'il aurait donné
des grands à la France & des princes à l'Allemagne, ſi le fatal couteau qui l'empêcha d'être
homme, n'avait éteint en lui le germe de la
génération. Guarduccio continue à ſuivre la ſcene
malgré une fluxion de quarante ans qu'il a ſur
la poitrine qui l'incommode beaucoup. Son fort
eſt le cantabile qu'il ne chante plus, mais qu'il
fait ſemblant de chanter.

Manzoli a plus d'argent que de voix. Mais
tous ces muſiciens ſont propres pour le remplif-
ſage d'un opéra.

Tenducci eſt bon pour repréſenter Orphée
dans les Enfers ; il l'a ſi bien repréſenté en Italie,
que ſa réputation y eſt reſtée. C'eſt ce même
eunuque qui s'eſt marié ſans avoir les deux té-
moins néceſſaires pour le mariage.

Pacciarotti a de la voix, du goût, & de la
mélodie, & il chanterait bien s'il ne détonnait
pas, On peut l'employer au grand tragique,

car il a eu un duel en Italie où il a bleffé un feigneur Napolitain : s’il l’avait tué, on l’eût appellé mezzo-morto.

Aprile a la *furberia della fcena*. Il s’exprime doucement & avec art , afin qu’on ne s’apperçoive pas qu’il chante avec une mauvaife voix.

Rauzini chante joliment, mais il eft à craindre qu’il chante bientôt rondement, car il enfle de tous côtés.

Mais fi abfolument vous voulez que le fervice fe faffe par des perfonnes du fexe à caufe du dégoût que les parifiens ont pour nos freres les eunuques, il faut que ce foit par des *virtuofes* nationales ; car permettez-nous de repréfenter à votre très-excellente excellence, qu’il eft ridicule de faire chanter les Françaifes dans le goût italien. Le Parterre de Paris eft une table ronde où chacun met fon couvert pour fon argent. Or il ne faut pas lui donner du vin de Florence à la place du vin de Bourgogne. Pour que les ariettes aient le goût du terroir, il faut qu’elles foient exécutées par des Napolitaines, des Romaines, des Florentines, des Bolonaifes, des Milanaifes, des Vénitiennes , des Turinoifes &c. &c. En ce cas, nous pourrons vous fournir un affortiment complet d’actrices italiennes.

Nous vous enverrons Mlle. Gabrielli qui

chante bien , mais qui chanterait mieux fi elle n'avait fait en dernier lieu un petit opéra en Ruffie qui lui gâta la voix. La piece était fi naturelle', qu'elle était parlante. On dit qu'il eft de la compofition d'un jeune Milanais qui entend parfaitement cette partie de la mufique que nous appellons *la battuta.*

Nous vous enverrons·par la pofte Mlle. Dea-mici qui eft fur les théatres depuis trente ans. Elle exécute le pizzicato , c'eft-à-dire , elle chante pincé , mais à force de pincer , il ne lui refte plus rien à pincer, car elle a fait auffi de petits opéra qui lui ont gâté la taille & le gofier qui n'eft plus fi étroit. Elle eft d'une fa-mille très-roturiere ; mais il ne faut pas être bien noble pour être reçu à l'opéra de Paris, il fuf-fit de prouver le premier quartier.

Après celle-ci , nous vous enverrons Mlle. Taiber qui a une belle voix & eft une très-grande muficienne ; mais elle a le malheur d'être Allemande, ce ˙qui eft le péché originel de la mufique italienne.

Enfuite nous vous expédierons la Dlle. Sam-parini. Les phyficiens prétendent qu'à l'occafion d'une grande bourafque fur mer qu'elle fouffrit à fon retour de Lisbonne, il s'eft fait une pe-tite excoriation dans fon cerveau , ce qui fait dire aux médifans qu'elle eft folle.

Quoi qu'il en foit, au milieu d'une fcene
chancelante, pathétique, elle quitte fon rôle pour
un ballet héroïque ; ainfi vous ferez d'une pierre
deux coups, car vous aurez à la fois une chanteufe & une danfeufe. Elle eft couverte de
diamans, car elle vient de Portugal où les filles
de théatre n'ont qu'à fe baiffer & en prendre,
elle s'eft baiffée & en a pris.

***

Malgré ce brigandage, les Italiens prétendent être les meilleurs muficiens de l'univers.
Il faut le voir : *ut pictura poefis erit*, dit Horace.
Si cet auteur avait vécu dans notre fiecle, il y
aurait ajouté la mufique. Même génie, même
favoir, même connoiffance, même élévation
d'efprit. Comme ces trois arts font faits pour
parler à l'ame, leurs tableaux doivent fe reffem-
bler. Le peintre trace, le poëte écrit, le muficien émeut. Quoique les figures foient différentes, les expreffions font les mêmes.

Je cite Homere parce qu'on peut regarder ce
poëte comme le pere de tous les arts. C'eft lui
qui enflamme l'ame de ce feu divin qui en échauf-
fant l'imagination l'éleve au deffus d'elle-même.

Il n'y a point de pays fur la terre où la poëfie foit auffi négligée qu'en Italie, c'eft-à-dire

où il y ait moins de ces génies fupérieurs dans cet art.

Il ferait trop long de rapporter ici les caufes de cette dégradation de l'efprit humain fous un ciel qui donna autrefois des Horace, Virgile & Lucrece à l'univers ; la principale eft le defpotifme, fous lequel ce peuple gémit. Des efclaves n'ont point de vertu : dans les vers des plus célebres poëtes italiens, on y découvre l'empreinte de leurs chaînes : à Venife cet art fublime eft éteint. La politique a craint que la liberté de la poéfie ne mît la république en bouts rimés. Les inquifiteurs d'Etat font montés fur le Parnaffe, ils ont effrayé les mufes, le cheval Pégafe s'eft enfui. A Rome il n'y a que Pafquin qui ait la permiffion de rimer, encore y a-t-il quelquefois des Papes qui le lui défendent. On fait que Sixte-Quint fit couper la langue à un éleve de Pafquin qui avait mis en vers que fa fœur était blanchiffeufe. A Naples le gouvernement ne gêne gueres la poéfie, mais il n'y a point de poëte. Une nation qui paffe fa vie dans les fêtes & les divertiffemens, n'a pas le loifir de faire des vers.

La Tofcane en ouvrant fes preffes, a femblé vouloir fe racheter de cette fervitude, mais les Florentins n'écrivent en vers que de mauvaifes

fatyres. Ce n'eft pas que ce peuple manque
d'imagination , car le gouvernement ne peut
pas tout ôter , mais cette imagination n'eft pas
reglée. Si on peut en juger par nos meilleurs
poëtes, cette maladie vient de loin. L'Ariofte
s'échappe dans les nues , il faut toujours courir
après lui dans un autre monde. On a dit pour
le juftifier qu'Homere s'était élancé avec plus de
rapidité hors de la nature ; mais dans les plus
grandes licences du poëte grec , on découvre
une lueur de bon fens , & un jugement qui le
guide , & qui fait qu'on le retrouve , au lieu
qu'on perd l'italien dans les nues.

Le Taffe n'a point cette fievre ardente d'un
poëte frénétique ; mais au lieu de bon fens, il
remplit fa jérufalem de clinquant.

Le génie national dans cet art, eft celui des
fonnets ; mais cette verfification laiffe l'efprit
comme elle le trouve : c'eft un thême que la
poéfie a donné aux Italiens , & que les poëtes
font tous les jours. Refte le génie de l'impromptu , claffe de poëtes que les Italiens appellent *improvifatori* ; mais celle-ci n'eft que la
mémoire de la poéfie , femblable à la fameufe
Corilla (couronnée dans le capitole par des
gens fans talent , & détrônée dans la république romaine par des gens de bon fens) qui
fait

fait des vers fans être montée fur le Parnaffe.
Les Italiens regardent cette femme comme un
prodige ; c'eft que les prodiges font rares en
Italie.

Qu'on fe mette dans la tête cinq ou fix cens
bouts rimés, & on fera fur le champ des vers
fur toute forte de fujets ; mais il s'en faut bien
que cette verfification foit la vraie ; les bons
poëtes laiffent l'impromptu aux charlatans de la
poéfie. Cependant j'ai cité Métaftafio. Il eft vrai
que ce poëte lyrique a des touches divines ; Il
eft impoffible de mettre plus de douceur, de
cadence & d'harmonie dans une verfification
chantante ; mais ce n'eft pas la grande poéfie,
celle qui tranfporte l'ame, l'agite & la rend
convulfive. De tout cela à l'ariette du poëte
romain, il y a une diftance immenfe. Or fi la
premiere partie de l'imagination manque aux
artiftes, fi leurs tableaux font louches, privés de
ces peintures vives & hardies marquées au coin
du fublime, d'où les maîtres de mufique Italiens
tireront-ils ces traits élevés qui caractérifent les
grands hommes ? Ces maîtres fe donneront-ils
de l'imagination ? Mais d'où la prendront-ils ?
L'art de la mufique eft-il donc détaché des
autres arts ? Peut-il s'élever fur les débris des
connoiffances & du favoir ? Eft-ce un génie

F

féparé des autres ? Toutes les idées qui em-
braffent les connaiffances ne fe rapportent-elles
pas à un premier principe ? Et ce principe n'eſt-
il pas lié avec tous les autres ? N'ont-ils pas enfemble un rapport analogue ? Peut-on penfer
mal en philofophie, & raifonner bien en mufique ?

La géométrie, les mathématiques, l'hiſtoire,
la morale, ont un rapport avec l'harmonie, &
elles tiennent toutes au calcul, à la mefure,
aux gradations, aux changemens : Voilà la
grande muſique philofophique dont celle des
artiſtes eſt fille.

Mais j'ai une raifon de plus pour croire que
les profeffeurs Italiens manquent de génie propre à cet art. Prefque tous ceux qu'on y deſtine
en Italie, font des gens de la lie du peuple :
cela vient en grande partie du mépris qu'on a
attaché à cette profeffion juſtement dans le pays
où on la diſtingue le plus. Cette prévention
dont on ne faurait donner raifon, ainfi que d'une
infinité d'autres qui ne font pas plus raifonna-
bles, fait qu'il n'y a en général que des pauvres citoyens qui s'y attachent.

On a déja parlé des conferyatoires de Naples d'où fortent les profeffeurs. Ces hôpitaux
en muſique ont leurs ſtatuts & leurs loix. La

premiere eſt d'y faire des éleves en chant & des joueurs d'inſtrumens. Ce n'eſt qu'après qu'on ne découvre aucune diſpoſition dans les hoſpitaliers apprentifs, qu'on les deſtine à la compoſition. Pendant ce premier exercice, point d'éducation, point d'autre étude, point de livres, point de littérature, point de connaiſſances, point de ſavoir. Le claveſſin dont l'éleve tire ſon art, eſt iſolé. Il ne tient à aucun genre d'érudition. C'eſt à force de battre ce morceau de bois, que le génie muſical doit lui venir. D'un autre côté le maître qui eſt chargé de cette école, eſt un homme dur, peſant, ſans goût, ſans génie, ſans imagination, qui ſe borne aux principes de ſon art. Ces muſiciens néceſſiteux ſortent de ces conſervatoires à l'âge de dix-huit à vingt ans, c'eſt-à-dire lorſque le génie eſt formé, & qu'il n'eſt plus tems de s'en donner un autre. Devenus ainſi profeſſeurs, & n'ayant d'autres moyens pour vivre que de profeſſer, ils font de la muſique. Leur début ordinaire dans le monde eſt un monopole ouvert. Dans les premiers opéra qu'ils donnent, ils ſe volent les uns les autres comme des voleurs de grand chemin. Le dernier compoſiteur d'opéra prend un morceau de l'un, un morceau de l'autre; il s'empare d'une ſymphonie entiere, d'une ritournelle,

d'une ariette ; fe faifit d'un mot & d'un paffage ;
il raffemble, unit & coud enfemble toutes ces
vieilles idées, & en fait un opéra nouveau, fans
qu'il lui en coûte une feule idée. J'ai affifté à
Naples au théatre des Florentins à un opéra
du célebre Pa........ qui était compofé de pieces
rapportées. Arlequin prétendait que cet opéra
lui revenait de droit à caufe de fon habit qui eft
fait de] trente-fix pieces. On fait que le génie
plagiaire retarde beaucoup les progrès de cet
art. Il en eft des muficiens comme des financiers : lorfqu'ils ont une fois goûté la douceur
du monopole, ils n'en reviennent plus ; les artiftes qui ne favent qu'une chofe font des gens
bornés. Otez ces profeffeurs du claveffin , pri-
vez-les du papier rayé & de l'ufage des notes,
& vous en faites des corps fans ame, des êtres
inanimés qui ne tiennent à la fociété que par
leur individu. Comme ils tirent tous leurs mouvemens de la mefure, il faut ne leur parler que
mefure.

Lorfque je vis pour la premiere fois à Venife le célebre Anf....... je crus voir un auto-
mate, une machine montée fur des fils d'archal. Qu'on imagine un homme d'un autre monde qui ignore ce qui fe paffe dans celui - ci,
qui ne dit rien, qui ne fait rien, qui ne con-

naît rien , qu'on ne peut entretenir fur rien ,
qui n'a ni expreſſion ni ſentimens que ceux
qu'il tire des croches , des cromes & des ſemi-
cromes. Comme il avait laiſſé ſon ame ſur le
tact de ſon claveſſin , je le priai de la reprendre ,
c'eſt à-dire d'exécuter une ariette de ſa compoſition , afin que je puſſe connaître ſon exiſtence ;
mais il ne voulut pas exiſter , ainſi je ne m'en-
tretins ce jour-là qu'avec ſon cadavre. Tous les
autres beaux génies de cette profeſſion ſont à
peu près auſſi brillans.

Il vient toujours dans l'eſprit une idée , mais
bien fauſſe , que nous devons aux Italiens les plus
grands établiſſemens en muſique. A commencer par ſa méchanique , elle ne tient rien d'eux ;
ils ont laiſſé les notes comme ils les ont trouvées.
L'écriture de cet art eſt telle qu'elle était dans
les ſiecles les plus barbares. C'eſt l'antiquité qui
a formé ſon édifice , ſes architectes modernes
n'y ont pas ajouté une ſeule pierre. Cependant
ce bâtiment ayant à loger un ſyſtême plus grand,
plus immenſe , aurait dû s'étendre.

On ſait que les Grecs ſe ſervaient des lettres
de l'alphabet pour noter leur muſique; cet alphabet était comme le nôtre compoſé de vingt-
quatre lettres. Voilà bien de lettres pour ſi peu
de tons; cependant ces lettres ne ſuffiſaient pas,

c'eft qu'ils donnaient à chacune une figure différente à chaque différente fituation par laquelle
ils voulaient rendre un ton , & celle-ci pou-
vant varier à l'infini , & les lettres étant défi-
nies, elles devenaient infuffifantes. On doit juger par là combien nos notes doivent l'ètre ,
nous qui avons ajouté tant d'idées à la mufique
en en faifant une logique raifonnée. Les Grecs
étaient obligés d'employer les mêmes lettres pour
former plufieurs fortes de notes , & celles - ci
multipliées ne fuffifant pas , il fallut avoir recours
au changement de figure. On les fépara, on les
accoupla, on les renverfa, on les coucha , on
les coupa, on les mutila , ce qui augmenta fi
confidérablement leur nombre, que Mr. Rouffeau qui a pris la peine de les compter, en trouve mille fix cents vingt ; mais ce calcul n'eft que
fur le fyftême de cette mufique définie, & non
de celui qui en avançant le plus dans cet art
aurait pu le rendre indéfini. Nos aftronomes
modernes ne nous parlent que des aftres lumi-
neux qui roulent fur nos têtes ; mais fi quelque nouveau Galilée , par le moyen d'un verre
plus parfait, portait notre vue au delà du firmament, nous y en verrions une infinité d'autres que nous ne connaiffons pas. Alors l'aftronomie deviendrait un art beaucoup plus étendu
qu'il n'eft.

Cependant les Grecs n'avaient pas tant de caracteres muficaux que nous ; mais comme chez eux ces caracteres changeaient de forme, ils devenaient aufli nombreux que les nôtres. Une fois que toutes ces figures étaient gravées dans l'imagination, elles y reftaient, & on était muficien. Nous pourrions fort bien rétablir cette écriture , mais il faudrait l'appliquer à notre génie , & non à celui des Grecs, car lorfqu'un peuple n'eft plus, on ne peut pas noter fa maniere de penfer, puifque cette maniere n'exifte plus. Les Latins réduifirent les notes à quinze , fans qu'on puiffe en donner d'autre raifon , fi ce n'eft peut-être que leur génie en mufique s'était retréci. Grégoire, que Mr. Rouffeau à l'ufage des proteftans appelle l'évêque de Rome, & qui était un peu plus qu'évêque puifqu'il était pape, & qui était un peu plus que pape puifqu'il était faint , réduifit les notes aux fept premieres lettres de l'alphabet; ainfi le pays de la mufique fe retréciffait toujours, puifque la huitieme lettre devenait frontiere.

Un moine , (car les moines commençaient déja à fe mêler de tout) changea les notes ; mais la perfection qu'il ajouta à cet art fut imperceptible , puifqu'elle fe réduifit à quelques points qu'il leur fubftitua. Il y avait long-tems

F 4

que la muſique était retrécie dans ce pointillage
lorſqu'on établit des notes , & qu'on leur donna
une valeur. Cette gloire était réſervée à un cha-
noine français. Il n'était pas queſtion des Italiens lorſqu'on faiſait tant de changemens & de
réformes dans la muſique. Ils étaient neutres
dans cet art. En prenant la plume pour écrire ,
ils trouverent la beſogne faite , mais mal faite.
Les notes telles que nous les avons aujourd'hui
avec leurs pieds de mouches, gênent les compoſiteurs ; elles ſont renfermées dans cinq lignes ;
on dirait que c'eſt la meſure juſte du génie muſical , dont le maître ne peut pas ſortir ſans
détonner. La Baſtardina qui a ſix tons au-delà
de la derniere ligne , embarraſſe les compoſiteurs , il faut qu'ils ajoutent des nouvelles
rayes ou coupent la note par le milieu à chaque ſéparation , ce qui défigure le tableau de
la muſique & gêne le chanteur qui eſt obligé
à tout moment de compter à quelle ligne il ſe
trouve.

L'écriture de la muſique telle qu'elle exiſte
aujourd'hui eſt très difficile à lire : on paſſe ſa
vie à l'apprendre , & on meurt ſouvent ſans la
ſavoir. Il y a tant de choſes à obſerver dans celle-
ci , que l'imagination en eſt ſurchargée. En ap-
prenant à chanter par les notes , on fait preſ-

que toujours chanter avant d'apprendre les notes.
Dans la lecture d'un livre d'aftronomie & d'al-
gebre, c'eft-à-dire les deux fciences les plus abftraites, l'efprit n'eft point gêné par la combi-
naifon des lettres, mais feulement par la penfée.
Dans la mufique c'eft tout le contraire, les notes
ou les lettres mettent des entraves à la penfée.
Nous lifons un tableau à livre ouvert, fans avoir
appris à lire en peinture. Serait-il impoffible d'i-
maginer des fignes repréfentatifs par lefquels on
pût lire une fonate comme on fait un livre, ou
une ariette comme on lit un tableau ? C'eft à
quoi les Italiens qui paffent leur vie à faire des
notes n'ont jamais penfé. Il ne s'eft point trouvé
jufqu'ici des Raphael chez eux, pour m'exprimer ainfi, dans la peinture des notes.

Comme les Napolitains, les Romains n'ont
montré aucun génie dans cette partie de la lé-
giflation muficale, les Français qui avaient déja
fait voir leur talent, l'ont encore déployé dans
celle-ci. Mr. Sauveur & Mr. de Motz ont donné plufieurs plans fur une nouvelle écriture de
mufique qui auraient beaucoup diminué les dif-
ficultés, s'ils avaient été adoptés; mais dans
les arts comme en politique, il arrive rarement
qu'on confente de fe défaire d'un bon fyftême
pour en embraffer un meilleur. Je rapporte ici

une de ces nouvelles méthodes de Mr. Rouſſeau, que je tire de ſon ſavant dictionnaire de
muſique : ce qui m'y engage , c'eſt qu'il n'y a
guere eu juſqu'ici que les profeſſeurs qui aient
lu ce livre , au lieu que beaucoup de gens qui
ne le ſont pas liront celui-ci.

„ Les caracteres de la muſique ont un dou-
„ ble objet; ſavoir , de repréſenter les ſons , 1°.
„ ſelon leurs divers intervalles du grave à l'aigu,
„ ce qui conſtitue le chant & l'harmonie. 2°. Et
„ ſelon leurs durées relatives du vîte au lent ,
„ ce qui détermine le tems & la meſure.

„ Pour le premier point , de quelque ma-
„ niere que l'on retourne & combine la muſi-
„ que écrite & réguliere , on n'y trouvera ja-
„ mais que des combinaiſons des ſept notes de
„ la gamme portées à diverſes octaves , ou tranſ-
„ poſées ſur différens degrés ſelon le ton & le
„ mode qu'on aura choiſi. L'auteur exprime
„ ces ſept tons par les ſept premiers chiffres ,
„ de ſorte que le chiffre 1 , forme la note *ut* ; le
„ 2 , la note *re* ; le 3 , la note *mi* ; &c. & il les
„ traverſe d'une ligne horizontale,comme on voit
„ dans la planche ʻF fig. 1.

„ Il écrit au deſſus de la ligne les notes,
„ qui, continuant de monter , ſe trouveraient
„ dans l'octave ſupérieure : ainſi l'*ut* qui ſuivrait

„ immédiatement le *fi* en montant d'un femi
„ ton, doit être au deſſus de la ligne de cette
„ maniere ‾ꜙ¹ ; & de même les notes qui
„ appartiennent à l'octave aigu dont ce *ut* eſt
„ le commencement , doivent toutes être au
„ deſſus de la même ligne. Si l'on entrait dans
„ une troiſieme octave à l'aigu, il ne faudrait
„ qu'en traverſer les notes par une feconde li-
„ gne accidentelle au deſſous de la premiere.
„ Voulez-vous au contraire deſcendre dans les
„ octaves inférieures à celle de la ligne princi-
„ pale : écrivez immédiatement au deſſous de
„ cette ligne , les notes de l'octave qui la ſuit
„ en deſcendant : ſi vous deſcendez encore d'une
„ octave, ajoutez une ligne au-deſſous, comme
„ vous en avez mis une au deſſus pour monter ,
„ &c. Au moyen de ces trois lignes feulement ,
„ vous pouvez parcourir l'étendue de cinq oc-
„ taves ; ce qu'on ne ſaurait faire dans la mu-
„ ſique ordinaire à moins de 18 lignes.

„ On peut même ſe paſſer de tirer aucune
„ ligne. On place toutes les notes horizontale-
„ ment ſur le même rang. Si on trouve une
„ note qui paſſe en montant le *fi* de l'octave où
„ l'on eſt , c'eſt-à-dire qui entre dans l'octave
„ ſupérieure , on met un point ſur cette note.
„ Ce point ſuffit pour toutes les notes ſuivantes

„ qui demeurent fans interruption dans l'octave
„ où l'on eft entré. Que fi l'on redefcend d'une
„ octave à l'autre, c'eft l'affaire d'un autre point
„ fous la note par laquelle on y rentre, &c.
„ On voit dans l'exemple fuivant le progrès de
„ deux octaves tant en montant qu'en defcen-
„ dant, notées de cette maniere : ' |

„ 1 2 3 4 5 6 7 1 2 3 4 5 6 7 1 7 6 5 4 3 2 1 7 6 5 4 3 2 1

„ La premiere maniere de noter avec des li-
„ gnes , convient pour les mufiques fort tra-
„ vaillées & fort difficiles pour les grandes par-
„ titions, &c. La feconde avec des points eft
„ propre aux mufiques plus fimples & aux pe-
„ tits airs : mais rien n'empêche qu'on ne puiffe
„ à fa volonté l'employer à la place de l'autre,
„ & l'auteur s'en eft fervi pour tranfcrire la fa-
„ meufe ariette *l'objet qui regne dans mon ame*,
„ qu'on trouve notée en partition par les chif-
„ fres de cet auteur à la fin de fon ouvrage.
„ Par cette méthode , tous les intervalles de-
„ viennent d'une évidence dont rien n'appro-
„ che ; les octaves portent toujours le même
„ chiffre, les intervalles fimples fe reconnaiffent
„ toujours dans leurs doubles ou compofés : on
„ reconnaît d'abord dans la dixieme $\frac{3}{4}$ ou 13
„ que c'eft l'octave de la tierce majeure. Les
„ intervalles majeurs ne peuvent jamais fe con-

„ fondre avec les mineurs ; 24 fera éternelle-
„ ment une tierce mineure ; la pofition ne fait
„ rien à cela.

„ Après avoir ainfi réduit toute l'étendue du
„ clavier fous un beaucoup moindre volume,
„ avec des fignes beaucoup plus clairs, on paffe
„ aux tranfpofitions.

„ Il n'y a que deux modes dans notre mu-
„ fique. Qu'eft-ce que chanter ou jouer en *re*
„ majeure ? C'eft tranfporter l'échelle ou la gam-
„ me d'*ut* un ton plus haut, & la placer fur *re*
„ comme tonique ou fondamentale. Tous les
„ rapports qui appartenaient à l'*ut* paffent au
„ *re* par cette tranfpofition. C'eft pour expri-
„ mer ce fyftême de rapports hauffés ou baiffés,
„ qu'il a tant fallu d'altérations de dièzes ou de
„ bémols à la clef. L'auteur du nouveau fyftê-
„ me fupprime tout d'un coup tous ces embar-
„ ras : Le feul mot *re*, mis en tête & à la marge
„ avertit que la piece eft en *re* majeur, & com-
„ me alors le *re* prend tous les rapports qu'a-
„ vait l'*ut*, il en prend auffi le figne & le nom.
„ Il fe marque avec le chiffre 1, & toute fon
„ octave fuit par les chiffres 2, 3, 4, &c. com-
„ me ci-devant. Le *re* de la marge lui fert de
„ clef. C'eft la touche *re* ou *D* du clavier na-
„ turel : mais ce même *re* devenu tonique fous

„ le nom d'*ut*, devient aufli la fondamentale du
„ mode,

„ Mais cette fondamentale qui eft tonique
„ dans les tons majeurs, n'eft que médiante dans
„ les tons mineurs ; la tonique qui prend le
„ nom de *la*, fe trouvant alors une tierce mi-
„ neure au deffous de cette fondamentale. Cette
„ diftinction fe fait par une petite ligne hori-
„ zontale qu'on tire fous la clef. *Re* fans cette
„ ligne, défigne le mode majeur de *re*, mais
„ *re* foufligné, défigne le mode mineur de *fi*
„ dont ce *re* eft médiant. Au refte cette diftinc-
„ tion qui ne fert qu'à déterminer nettement le
„ ton par la clef, n'eft pas plus néceffaire dans
„ le nouveau fyftême que dans la note ordi-
„ naire où elle n'a pas lieu. Ainfi quand on n'y
„ aurait aucun égard, on n'en follierait pas moins
„ exactement.

„ Au lieu des noms mêmes des notes, on
„ pourrait fe fervir pour clefs, des lettres de la
„ gamme qui leur répondent ; *C* pour *ut*, *D*
„ pour *re*, &c. (voyez gamme.)

„ Les muficiens affectent beaucoup de mépris
„ pour la méthode des tranfpofitions ; fans doute
„ parce qu'elle rend l'art trop facile. L'auteur
„ fait voir que ce mépris eft mal fondé, que
„ c'eft leur méthode qu'il faut méprifer, puif-

„ qu'elle eſt pénible en pure perte, & que les
„ tranſpoſitions dont il montre les avantages,
„ ſont, même ſans qu'ils y ſongent, la vérita-
„ ble regle que ſuivent tous les grands muſi-
„ ciens, & les bons compoſiteurs. (voyez tranſ-
„ poſition).

„ Le ton, le mode, & tous leurs rapports
„ bien déterminés, il ne ſuffit pas de faire con-
„ naître toutes les notes de chaque octave, ni
„ le paſſage d'une octave à l'autre par des ſignes
„ précis & clairs ; il faut encore indiquer le lieu
„ du clavier qu'occupent ces octaves. Si j'ai d'a-
„ bord un _ſol_ à entonner, il faut ſavoir lequel,
„ car il y en a cinq dans le clavier, les uns
„ hauts, les autres moyens, les autres bas, ſelon
„ les différentes octaves. Ces octaves ont cha-
„ cune leur lettre, & une de ces lettres miſe
„ ſur la ligne qui ſert de portée, marque à quelle
„ octave appartient cette ligne, & conſéquem-
„ ment les octaves qui ſont au deſſus & au
„ deſſous. Il faut voir la figure qui eſt à la fin
„ du livre, & l'explication qu'en donne l'auteur,
„ pour ſe mettre en cette partie au fait de ſon
„ ſyſtême qui eſt des plus ſimples.

„ Il reſte pour l'expreſſion de tous les ſons
„ poſſibles dans notre ſyſtême muſical à rendre
„ les altérations accidentelles amenées par la

„ modulation; ce qui fe fait bien aifément. Le
„ dièze fe forme en traverfant la note d'un trait
„ montant de gauche à droite, de cette maniere
„ *fa* dièze ⚹ : *ut* dièze ✗ : on marque le bémol
„ par un femblable, trait defcendant ; *fi* bémol
„ ⅄ : *mi* bémol 𝄫 : à l'égard du béquarre, l'au-
„ teur le fupprime comme inutile dans fon fyf-
„ tême.

„ Cette partie ainfi remplie, il faut venir au
„ tems ou à la mefure. D'abord l'auteur fait
„ main baffe fur cette foule de différentes me-
„ fures, dont on a fi mal à propos chargé la
„ mufique. Il n'en connaît que deux comme
„ les anciens; favoir : mefure à deux tems &
„ mefure à trois tems. Les tems de chacune
„ de ces mefures peuvent à leur tour être divi-
„ fés en deux parties égales ou en trois. De
„ ces deux regles combinées , il tire des ex-
„ preffions exactes pour tous les mouvemens
„ poffibles.

„ On rapporte dans la mufique ordinaire les
„ diverfes valeurs des notes à celle d'une note
„ particuliere qui eft la ronde , ce qui fait que
„ la valeur de cette ronde variant continuelle-
„ ment, les notes qu'on lui compare n'ont point
„ de valeur fixe. L'auteur s'y prend autrement:
„ il ne détermine les valeurs des notes que fur

la

,, la forte de mesure dans laquelle elles font em-
,, ployées ; & sur le tems qu'elles y occupent ,
,, ce qui le dispense d'avoir, pour ces valeurs ,
,, aucun signe particulier autre que la place
,, qu'elles tiennent. Une note seule entre deux
,, barres remplit toute une mesure ; dans la me-
,, sure à deux tems , deux notes remplissant la
,, mesure, forment chacune un tems ; trois no-
,, tes font la même chose dans la mesure à trois
,, tems ; s'il y a quatre notes dans une mesure
,, à deux tems ou six dans une mesure à trois ,
,, c'est que chaque tems est divisé en deux
,, parties égales ; on passe donc deux notes pour
,, un tems ; on en passe trois , quand il y a six
,, notes dans l'une & neuf dans l'autre ; en un
,, mot, quand il n'y a nul signe d'inégalité ,
,, les notes font égales ; leur nombre se distri-
,, bue dans une même mesure , selon le nombre
,, des tems & l'espece de la mesure : pour ren-
,, dre cette distribution plus aisée , on sépare , si
,, l'on veut , les tems par des virgules ; de forte
,, qu'en lisant la musique , on voit clairement
,, la valeur des notes , sans qu'il faille pour cela
,, leur donner aucune figure particuliere. (voyez
,, pl. F , fig. 2.)

,, Les divisions inégales se marquent avec la
,, même facilité. Ces inégalités ne font jamais

G

„ que des subdivisions qu'on ramene à l'égalité
„ par un trait dont on couvre deux ou plu-
„ sieurs notes. Par exemple, si un tems contient
„ une croche & deux doubles croches, un trait
„ en ligne droite au dessus & au dessous des
„ doubles croches, montrera qu'elles ne sont
„ ensemble qu'une quantité égale à la précé-
„ dente, & par conséquent qu'une croche. Ainsi
„ le tems entier se trouve divisé en deux parties
„ égales ; savoir, la note seule, & le trait qui
„ en comprend deux. Il y a encore les subdi-
„ visions d'inégalité qui peuvent exiger deux
„ traits ; comme si une croche pointée était sui-
„ vie de deux triples croches, alors il faudrait
„ premiérement un trait sur les deux notes qui
„ représentent les triples croches, ce qui les
„ rendrait ensemble égales au point ; puis un
„ second trait qui couvrant le trait précédent
„ & le point, rendrait tout ce qu'il couvre
„ égal à la croche. Mais quelque vîtesse que
„ puissent avoir les notes, ces traits ne sont ja-
„ mais nécessaires que quand les valeurs sont
„ inégales, & quelque inégalité qu'il puisse y
„ avoir, on n'aura jamais besoin de plus de
„ deux traits, sur-tout en séparant les tems par
„ des virgules, comme on verra dans l'exemple
„ ci-après.

„ L'auteur du nouveau fyftême emploie auſſi
„ le point , mais autrement que dans la muſi-
„ que ordinaire; dans celle-ci le point vaut la
„ moitié de la note qui le précede ; dans la
„ ſienne, le point qui marque auſſi le prolon-
„ gement de la note précédente , n'a point d'au-
„ tre valeur que celle de la place qu'il occupe.
„ Si le point remplit un tems , il vaut un tems,
„ s'il remplit une meſure , il vaut une meſure;
„ s'il eſt dans un tems avec une autre note , il
„ il vaut la moitié de ce tems. En un mot le
„ point ſe compte pour une note , ſe meſure
„ comme les notes; & pour marquer des tenues
„ ou des ſyncopes, on peut employer pluſieurs
„ points de ſuite de valeurs égales ou inégales ,
„ ſelon celles des tems ou des meſures que ces
„ points ont à remplir. Tous les ſilences n'ont
„ beſoin que d'un ſeul caractere; c'eſt le zéro.
„ Le zéro s'emploie comme les notes & comme
„ le point. Le point ſe marque après un zéro
„ pour prolonger un ſilence , comme après une
„ note pour prolonger un ſon. (voyez un
„ exemple de tout cela pl. F, fig. 3.) „

On a dit auſſi que les Italiens poſſedent parfaitement les regles de la muſique ; mais ceci
n'eſt pas encore exact. Tout le contrepoint italien eſt aujourd'hui renfermé dans la tête d'un

moine francifcain. Il faut que les maîtres lu;
aillent baifer la fandale pour avoir de la muſique, comme on va baifer la mule du Pape pour
avoir des indulgences. On dirait que cette ſcience s'eſt bannie de la fociété civile, qu'elle a pris
l'immunité en fe retirant dans un cloître. Je ne
dis pas qu'un religieux ne puiſſe être un grand
faint, mais je dis qu'il arrive rarement qu'il foit
un grand homme, fur-tout dans les arts de goût
& de génie. Ce moine fait quelle tierce, quelle
quarte, quelle quinte, & quelle octave eſt plus
propre qu'une autre à émouvoir l'ame, & à faire
une plus vive impreſſion fur les ſpectateurs dans
un parterre de l'opéra. Quoique St. François ne
fût pas un grand muſicien, c'eſt aujourd'hui
d'une de fes maiſons d'Italie que partent tous
ces morceaux de contre-point vifs & voluptueux
qui féduifent le cœur.

Un courtifan étant chargé de préfenter un
évêque à Louis XIV, qui n'avait d'autre mérite
que celui de la danfe, lui dit : Sire, je vous préfente Monfeigneur l'évêque de Mirepoix, c'eſt
le prélat de votre royaume qui danfe le mieux
le menuet. Si quelque monarque paſſait à Bologne, on pourrait lui dire en lui préfentant ce
moine : Sire, je vous préfente le pere Martin
qui fait chanter les filles de l'opéra très-bien. Il

eft vrai que ce révérend a un magafin afforti de toutes pieces en mufique. Au lieu des peres de l'Eglife dans fa bibliotheque, on y trouve les peres à rigodons. A la place de la vie de St. Vincent, on y trouve les ouvrages de Vinci; au lieu des écrits de St. Leon, les opéra de Leonardo Leo; fans compter quinze mille vo_lumes fur l'art de chanter, monumens bien ref-pectables pour une communauté religieufe.

Les regles d'un art ne font point l'art. Ceux qui ont donné les meilleures loix fur la tragé-die en ont fait de fort mauvaifes. J'ai affifté à une meffe de ce grand maître en contre-point à Bologne, où j'ai bâillé très-profondément. Ce Révérend m'ennuyait dans toutes les regles de l'art; il me donna fur-tout un *Kyrié* rempli de Kyrielles en mufique communes & triviales. C'eft qu'il manque du génie pour la mufique : génie qu'il faut diftinguer de fes principes. L'un eft le corps de la mufique; & l'autre eft l'ame qui fait mouvoir ce corps. Le premier n'a be-foin que d'un efprit de calcul. Il faut au fecond un génie mufical. L'école de ce francifcain eft bonne, mais fon imagination ne vaut rien; or celle-ci eft la premiere partie de l'ariette, là où elle manque, les regles ne peuvent point y fup-pléer; on peut le comparer à un architecte qui

G 3

jette les fondemens d'un édifice ; mais qui manque par le deſſein ; ou à un peintre qui place
bien ſes figures , mais qui n'a point de coloris.
Si ce pere n'avait paſſé toute ſa vie à combiner
des notes , peut-être aurait-il mieux réuſſi dans
la compoſition : peut-être auſſi y eût-il échoué ;
car il y a des eſprits géometres qui ne ſont propres qu'à calculer des nombres , unir des points
& rapprocher des figures.

La plupart des maîtres Italiens pouſſent l'i-
gnorance juſqu'à ne pas connaître les principes
de leur art. L'acouſtique qui en eſt la partie
théorique , leur eſt entiérement étrangere. Ceux
qui font les meilleurs opéra ne ſavent pas rai-
ſonner , ou raiſonnent mal en muſique. Il eſt
certain que la pratique eſt la meilleure maîtreſſe
des arts ; c'eſt elle qui les perfectionne , mais
c'eſt la théorie qui les guide ; celle-ci eſt fondée
ſur des recherches , des réflexions , des études
& des connaiſſances qui ſont tout-à-fait indépendantes de la pratique , quoiqu'elles forment
le praticien , c'eſt-à-dire le profeſſeur. Mr. Rameau eſt un grand artiſte parce qu'il raiſonne
parfaitement ſur ſon art. On voit par ſon traité
ſur l'harmonie qu'il eût fait lui ſeul une muſique.
Mr. Jean-Jacques Rouſſeau eſt auſſi un grand
théorien en muſique, peut-être n'en eſt-il pas

meilleur muficien; mais il a tout ce qu'il faut pour l'être; non feulement il connaît quelques parties, mais encore toutes les parties de cet art, & les embraffe dans toute leur étendue. Il en fait plus lui feul que dix maîtres Napolitains. Il eft certain que les Français font plus grands théoriens en mufique que les Italiens. On trouve vingt ouvrages français fur la mufique, contre un italien; car ce qu'en a écrit le Pere Martin, n'eft que l'hiftoire de la mufique, & non la théorie de la mufique. Un préfet de college aurait pu faire ce livre comme lui s'il avait eu les mêmes matériaux qui l'ont aidé à le faire. Il faut diftinguer les annales d'un art d'avec fon acouftique.

Il y a plus ; la plupart des profeffeurs italiens pouffent l'ignorance jufqu'à n'en pas comprendre la théorie. Je n'en connais pas fix en Italie qui foient en état de lire Mr. Rameau. Un grand nombre même ne le connaît point; c'eft que la plupart compofent toujours & ne lifent jamais. Je ne prétends point dire par là qu'un grand théorien foit un grand muficien ; l'acouftique ne fait pas le profeffeur, c'eft le génie, mais lorfqu'il en eft accompagné, il fait le grand profeffeur.

Non-feulement les maîtres modernes n'ont pas

ajouté une feule lettre à l'écriture de la muſique, mais même un feul échelon à ſon échelle
pour arriver avec plus de facilité aux ſons les plus
aigus, ce qui eût été une grande commodité
pour les chanteurs italiens qui voltigent continuellement ſur la gamme ou octave, & qui
ſont toujours eſſoufflés lorſqu'ils arrivent au bout
à cauſe que les eſcaliers ſont durs & pénibles.
Mr. Jean-Jacques Rouſſeau dit dans ſon dictionnaire que le ſyſtême diaſcolique préſent eſt
le meilleur. Mais eſt-ce là ſon dernier mot? La
ſentence eſt-elle irrévocable? Il veut dire ſans
doute celui que nous connaiſſons ; mais ne pour-
rions-nous pas en connaître un qui vaudrait
mieux? Lorſqu'on eſt habitué aux principes d'un
art, on ne voit que ces principes, juſques à ce
qu'un grand génie net ſe forme, en découvre
d'autres, & les communique à l'univers.

Les Grecs qui, comme on vient de voir, avaient
tant de notes, n'avaient que quatre tons déno-
minatifs à leur échelle. Ils répétaient les mêmes
notes de tétracorde en tétracorde. St. Grégoire
changea les tétracordes en eptacordes ou ſyſtême de ſept cordes. Ce changement qui nous
paraît de peu de conſéquence, (car on trouve
toujours facile ce qui eſt fait) cauſa une révolution dans la muſique. Ce pape, comme on

l'a déja vu, exprima ces sept notes avec les sept
premieres lettres de l'alphabet. Arétin, dont j'ai
parlé aussi, crut que c'était une honte pour la
nation après tant de siecles d'être encore à l'A,
b, c, d, de la musique, donna un nom français aux six premieres, mais pour la septieme
il se trouva sans doute au bout de son français,
car il ne lui en donna aucun. Il fallut plusieurs
générations pour savoir comment on appellerait
celle-ci. Après bien de recherches, on lui donna le nom de *si*, nom qui n'a point fait for-
tune chez toutes les nations de l'Europe, car
plusieurs n'ont pas voulu l'adopter, quoique la
syllabe *si* en italien soit affirmative. Mais si on
n'a pas tenté à renverser la grande échelle,
qu'on appelle Diatonique, avec laquelle on monte
à tous les tons de la musique, on a fait des
essais de réforme sur la semi-tonique, comme
on le voit par les nouveaux systêmes qui ont
paru; celui sur-tout de Mr. Salmon dont l'expérience a été faite devant la société royale. Mais
toutes ces découvertes sont dues aux Français,
& non aux Italiens.

Les nations du Nord donnent aux Italiens les
meilleures pieces de musique; mais sont-elles en
cela de bons juges? L'art de la composition
est si vaste, il réunit tant de parties, qu'on peut

le regarder comme le premier talent. Il ne fuffit pas d'en connaître les principes ; avec les
meilleures regles fur la mufique , & par une fatalité particuliere à cet art , il arrive ordinairement que ceux qui s'attachent trop fcrupuleufe-
ment à fes loix , font froids & infipides. Il femble que le génie de la mufique ainfi que celui
de la poëfie ne veut point d'entraves : tout ce
qui le gêne l'affaiblit. Homere s'élance dans les
airs & abandonne la terre à ces poëtes médio-
cres qui dans leurs écrits font faits pour l'habiter. Milthon defcend dans les enfers & parcourt
toutes ces voûtes fouterreines à la tête de plufieurs légions d'anges rebelles , &c. &c.

Pour fe diftinguer dans cet art , il faut favoir
remplir des accords , les choifir , les préparer ,
les réunir , les former , éviter les diffonnances,
trouver des bafes fondamentales , fentir la différence des mefures , poffèder toutes les parties
élémentaires ; mais avec toutes ces regles , comme le remarque fort bien l'auteur que je cite
fouvent, on n'eft pas plus près de favoir la compofition, qu'on l'eft d'être orateur avec celles de
la grammaire; le véritable génie de la compofition eft dans fon génie. Mais qu'eft-ce que ce
génie ? il eft difficile de le définir. On peut dire
ce qu'il n'eft pas , mais on ne peut pas dire ce

qu'il eſt. C'eſt un caractere particulier de l'eſprit , un don du ciel , un feu qui brûle, qui
tourmente l'ame en l'agitant. C'eſt lui qui a fait
le chancelier Bacon, Locke, Newton, Fon-
tenelle, Paſcal, Corneille, Racine, la Bruyere,
Monteſquieu, Voltaire, d'Alembert, Rouſſeau,
& dans le genre dont il eſt ici queſtion tous
les grands hommes que j'ai déja cités. Il n'y
a rien à ajouter au portrait qu'en fait le même
Mr. Rouſſeau.

,, Ne cherche point, jeune artiſte, ce que c'eſt
,, que le génie. En as-tu, tu le ſens en toi-mê-
,, me; n'en as-tu pas, tu ne le connaîtras ja-
,, mais. Le génie du muſicien ſoumet l'univers
,, entier à ſon art. Il peint tous les tableaux par
,, des ſons; il fait parler le ſilence même; il rend
,, les idées par des ſentimens, les ſentimens par
,, des accens, & les paſſions qu'il exprime, il
,, les excite au fond des cœurs. La volupté par
,, lui, prend de nouveaux charmes; la dou-
,, leur qu'il fait gémir arrache des cris: il brûle
,, ſans ceſſe & ne ſe conſume jamais. Il exprime
,, avec chaleur les frimats & les glaces; même
,, en peignant les horreurs de la mort, il porte
,, dans l'ame ce ſentiment de vie qui ne l'aban-
,, donne point, & qu'il communique aux cœurs
,, faits pour le ſentir; mais hélas! il ne fait rien

„ dire à ceux où fon germe n'eft pas , & fes pro-
„ diges font peu fenfibles à qui les peut imiter.
„ Veux-tu donc favoir fi quelque étincelle de ce
„ feu dévorant t'anime? Cours, vole à Naples
„ écouter les chefs-d'œuvre de Leo , de Du-
„ rante , de Jomelli, de Pargolefe , &c. "

Je fuis cependant fâché qu'il envoie l'homme
de génie à Naples , pour favoir s'il en a ; je crois
que cette découverte pourrait tout auffi bien fe
faire à Paris.

Cependant ce génie , tout indépendant qu'il
eft par fa nature , eft fujet lui-même à des variations , parce que les chofes fur lefquelles il eft
fondé, changent , comme les goûts , les mœurs,
les manieres , les façons de penfer , les amufe-
mens , les plaifirs , les divertiffemens , en un
mot la fociété qui en fe repliant fur elle-même
montre continuellement de nouvelles façades.
C'eft fur celles-ci que le compofiteur doit fixer fes
regards ; mais pour les voir dans leur point de
vue, il faut les connaître, & c'eft pour l'ordinaire cette fcience que le profeffeur italien ignore.
Il fait des notes , voilà fon métier ; il compofe
des opéra, voilà fa profeffion. C'eft un tailleur
qui travaille à fes pieces , plus il fait des habits
plus il gagne de l'argent. N'importe que fa coupe
oit bonne ou mauvaife , pourvu qu'il coupe,

On a déja vu que l'éducation de ces hospitaliers est incompatible avec ces connaissances qu'on n'acquiert que par l'usage du monde. Je ne dis point que tous les compositeurs italiens n'aient point de génie de leur art; mais qu'en général leur premier exercice contribue à affaiblir en eux le génie.

Les Italiens prétendent encore avoir l'avantage dans la partie de l'accompagnement. On sait que ce qu'on appelle de ce nom est l'exécution d'une harmonie complette & réguliere sur l'orgue & le clavessin. On y a pour guide la basse. On la touche de la main gauche, & de la main droite l'harmonie indiquée par la marche de la basse , & le chant des autres parties qui marchent en même tems par la partition.

Pour calculer tous ces accords , les fondateurs de l'accompagnement avaient établi des chiffres ou des signes ajoutés à la basse , afin de déterminer plus sûrement les accords. Qu'ont fait les Italiens ? Ils ont ôté ces chiffres , & accompagnent par la seule inspection de la basse. Il leur a fallu pour cela un grand travail d'imagination , & une étude forcée de mémoire qui vient de loin. Dans cette partie du monde chantant on étudie la musique en naissant; les enfans lisent dans les opéra avant que de savoir

lire dans leurs livres de prieres. On les fait à
ce travail dur & pénible dans lequel ils ne réuſ.
ſiſſent qu'à force de ſoin & de fatigue : toute
cette application n'eſt qu'une pure méchanique
à laquelle le génie n'a point de part. C'eſt l'habitude de la main qui en fait tous les frais. J'ai
vu des enfans de dix ans en Italie qui accom-
pagnaient très-bien. Etaient-ils pour cela muſiciens? Non : mais des automates en muſique,
dont tout le mérite eſt de battre des petits morceaux de bois ou d'ébêne qui rendent des ſons.
De ce talent à celui du génie de la muſique,
il y a une diſtance immenſe.

Ces artiſtes ſe vantent d'être ſupérieurs à ceux
des autres nations, parce qu'ils mettent dans l'accompagnement une foule de diſſonnances incon-
nues dans le tems qu'on forma le claveſſin ; mais
ces diſſonnances enſevelies dans un grand nombre d'accords forment-elles une muſique plus
parfaite? je ne le crois pas : j'ai même une raiſon pour ne pas le croire. Dans la baſſe fondamentale, il y a très-peu d'accords : ceux que la
nature y a mis ſont parfaits : à quoi ſert donc
cette foule de diſſonnances dont on les charge ?
La regle de l'accompagnement à l'octave eſt la
plus ſimple comme la plus ſûre ; mais c'eſt celle
dont les Italiens ne ſe ſervent preſque jamais,

parce qu'ils ne pourraient pas faire alors une
fonade entiere d'une feule note, & tirer dix
tons d'un feul ton. Mais quel avantage la mufique retire-t-elle de ces accords ainfi multipliés ?
Ils ne fervent qu'à faire du bruit en agitant
l'air. Ce font fix tons à l'uniffon qui ne forment
qu'un ton. On peut comparer l'accompagnateur
italien à un homme qui change un écu de trois
livres en fix pieces de dix fous ; quoiqu'il ait fix
pieces , il n'a que la valeur de fon écu. Ces
accords demandent un travail confidérable. L'artifte y confomme un tems qu'il pourrait employer à fe former le goût qu'on peut regarder
comme le vrai génie de la mufique. Cette école
eft prefque toujours à pure perte ; un premier
accord mene à un fecond , celui-ci à un troi-
fieme, & ainfi des autres ; & comme la partie
des fons eft indéfinie, il vieillit dans les fons
fans les définir.

Le fecond inconvénient eft le grand nombre
de fautes que l'accompagnateur fait en courant
après des accords indéfinis. J'ai fouvent prêté
une oreille attentive en Italie aux grands profeffeurs d'accompagnement ; & j'ai entendu beaucoup de diffonnances qui ne fe font pas entendre diftinctément , parce qu'elles font couvertes
d'un grand nombre d'inftrumens. C'eft alors que

la main s'échappe, & que se livrant à sa vélocité
elle sort des loix de l'intonation. Il est certain
que si les maîtres se fixaient à un plus petit nombre d'accords simples & déterminés, ils en se-
raient meilleurs musiciens, je dis meilleurs parce
que les plus mauvais sont ceux qui détonnent.
Il suit de là que la regle de Mr. Rameau vaut
mieux que celle des Italiens. Cet artiste a fait
de nouveaux chiffres ou signes pour tous les
accords, & par-là a ôté l'arbitraire qui est le des-
tructeur des arts. Sans doute qu'il reste encore
un grand nombre de découvertes à faire dans
la partie de l'accompagnement. Mais c'est beaucoup de tenir un fil dans un labyrinthe qui n'a point
d'issue. Un homme de beaucoup d'esprit prétend
que l'accompagnement est la composition; c'est
prendre la partie pour le tout; il est vrai qu'il
ajoute *à l'invention près*; mais c'est l'invention
qui fait le compositeur. On peut dire que celui-
ci est le maître, & que l'accompagnateur est
son valet qui est aux gages de son génie.
Combien de grands accompagnateurs qui ont
mal composé, & combien de grands compositeurs qui n'ont jamais accompagné ! Ainsi lorsqu'on dit que les Italiens sont supérieurs aux
Français, on ne veut pas dire par là qu'ils soient
meilleurs musiciens, mais seulement qu'ils s'ap-
pliquent

pliquent plus à la méchanique de la musique:
ce n'est pas par la méchanique d'un art qu'on
devient grand artiste. Les premiers ne peuvent
former un ton sans l'aide d'un clavessin; les seconds n'ont pas besoin de ce secours. L'intonation du Français est sûre, parce qu'elle est à
lui; celle de l'Italien est arbitraire, parce qu'elle
tient à quelques fils d'archal. Le Français n'est
pas sujet à ces altérations. Le compositeur ne
peut pas faire une note sans consulter son instrument. Il n'a aucun génie jusqu'au moment
qu'il a battu des touches. On dirait que toute
sa musique est dans son clavessin, & qu'à mesure qu'il en fait sortir, il écrit sur le papier
pour qu'elle ne lui échappe pas. Que dirait-on
d'un poëte qui aurait besoin d'un instrument
pour animer sa verve, & d'où il tirerait ses
vers?

Il y aurait beaucoup à dire sur la basse, je n'en
dirai qu'un mot. Le compositeur fait l'ariette &
ensuite compose la basse. C'est élever l'édifice
avant de placer l'échafaud & commencer la
maison de la musique par le dernier étage.

C'est sur la basse que doivent rouler tous les
accords, & c'est elle qui doit servir d'appui à
la première idée musicale. Cette précipitation de
composer la dernière partie avant la première,

H

vient de cet esprit volatil qui se trouve dans la
tête des maîtres Italiens. Il ne leur vient pas
plutôt une idée, qu'ils se pressent de la mettre
sur le papier, & ensuite ils y placent la basse à
loisir, au lieu qu'il faudrait se presser de faire
la basse, & de composer ensuite l'ariette à loisir.

Quoiqu'ils passent leur vie à composer des
notes pour former des sons, ils n'en connaissent
ni la nature ni les principes. Il est vrai que cette
ignorance leur est commune avec les philosophes anciens & modernes qui ne les connaissent
pas mieux. Mr. Steve, de la société royale de
Montpellier, prétend l'avoir deviné. Le sentiment
du son, dit-il, est inséparable de celui de ses
harmonies, puisque tout son porte avec lui ses
harmoniques, ou plutôt son accompagnement.
Ce même accompagnement est dans l'ordre de
nos organes. Il y a dans le son le plus simple
une gradation des sons qui sont & plus simples
& plus aigus, qui adoucissent par nuance le son
principal, & le font perdre dans la grande vi-
tesse des sons les plus hauts. Voilà ce que c'est
que le son. Je laisse juger aux lecteurs si c'est
là lui. C'est-à-dire si l'ordre de nos organes dis-
posés à recevoir le son, est le son. Quoi qu'il
en soit, si dans cette courte observation j'ai tort,
& que Mr. Steve ait raison, je félicite cette

académie d'avoir au milieu d'elle un membre qui a rêvé plus profondément fur les fons, que tous les fonges des anciens n'ont expliqué la nature du fon.

L'harmonie qui eft le fort des Italiens, eft pour eux un myftere. Ils n'ont fur celle-ci aucun principe. La plupart de leurs compofitions font harmonieufes fans qu'ils fachent dire précifément pourquoi. Ils doivent tout à l'oreille & rien à l'entendement. C'eft la machine harmonieufe qui agit en eux, & non point, pour m'exprimer ainfi, l'intelligence harmonique. Il n'y a peut-être pas quatre maîtres dans toute l'Italie qui aient lu le traité d'harmonie de Mr. Rameau, ou ce qui eft plus exact, qui l'aient compris, ainfi que les meilleurs ouvrages qui ont été écrits par les anciens en grec, par les Romains en latin & par les modernes en français; car ces meffieurs les compofiteurs d'ariettes n'ont point le don des langues, à peine entendent-ils la leur.

Il eft vrai que ce que nous appellons de ce nom eft une chofe de convention dont nous n'avons pas la vraie étymologie, ainfi que tant d'autres dont nous nous fervons qui font à peu près dans le même cas. C'était autrefois un nom propre comme celui de Pierre & de Jean; Or

H 2

Pierre & Jean n'ont rien à faire avec les ſcien-
ces ; & une preuve que nous ne comprenons
pas ce qu'elle eſt., c'eſt que nous ſommes obligés d'avoir recours aux anciens traités pour ſavoir ce qu'elle a été. Quelques-uns nous diſent
là-deſſùs des choſes ſi vagues, qu'elles ne ſatis-
font point les grands artiſtes , de maniere que
dans l'harmonie même nous ſommes privés de
celle de l'intelligence qui eſt la premiere des harmonies. On a pris long-tems les conſonnes de
l'octave pour l'harmonie : on a donné ce nom
auſſi aux antiphonies. Pendant long-tems elle
n'eut point de regles , ce qui ſuppoſe une ſcience
ſans principes. Celles qu'on lui donna furent arbitraires, fondées ſur l'approbation ; or comme
l'approbation eſt toujours une ſuite des préjugés,
elle n'avait d'autre fondement que celui de l'erreur populaire.

Selon nous l'harmonie eſt une ſucceſſion d'accords ſuivant les loix de la modulation ; mais
c'eſt la définir ſans définition.

Nous devons à Mrs. Merſenne, Sauveur &
Rameau , & non aux Italiens le peu de lumiere
que nous avons ſur une matiere encore très-obſ-
cure ; mais des ouvrages de ces ſavans auteurs,
il eſt ſorti quelques étincelles de lumiere qui nou
ont éclairé. Il eſt vrai que Mr. Tartini a écri

harmonie ; mais les connaisseurs prétendent que
ce n'est pas la vraie. Il avait pourtant devant
les yeux des professeurs qui lui avaient tracé la
route qu'il devait tenir dans ce labyrinthe ; mais
les grands artistes aujourd'hui s'égarent exprès
pour persuader qu'ils savent mieux le chemin
que ceux qui veulent le leur enseigner. Cependant il n'est pas bien décidé si la raison harmonique de Mr. Rameau est plus raisonnable que
celle de Mr. Tartini ; mais ce n'est pas ici ce
dont il est question ; je dis seulement que les
Italiens ont moins étudié cette partie de la musique que les Français, & cela se prouve par les
ouvrages d'une nation comparés avec ceux de
l'autre. Or quoique les livres servent souvent à
augmenter les erreurs, il est certain que de ces
erreurs mêmes, il sort une clarté qui dissipe les
ténèbres. Le principal inconvénient de l'harmonie est qu'elle ne peut pas être démontrée. Or
tout ce qui ne souffre point la démonstration est arbitraire. Dans ce cas celui qui nie, a le même
avantage que celui qui prouve. Point de principe, point de conviction ; car c'est toujours sur
les principes qu'il faut fonder la démonstration.

S'il n'y a point de loix fondamentales, il y en
a qui sont tirées du bon sens & de la raison,
& celles-ci valent quelquefois mieux que celles

H 3

de fes principes, ou pour mieux dire, ce font les principes eux-mêmes, car la raifon les contient tous; & fi dans les fciences abftraites, cette même raifon ne peut pas les expliquer, c'eft qu'il manque, je le dirai ainfi, les canaux de développement, parce qu'étant fubordonnée à une machine organifée elle eft bornée par fa méchanique. Un difcours académicien eft une piece d'harmonie quoiqu'il lui manque les notes. Il doit avoir un fens. Il faut que ce qui précede ait du rapport avec ce qui fuit, afin que le tout enfemble repréfente à l'imagination la penfée de l'orateur dans tous fes rapports. Voilà l'harmonie muficale, ou fi l'on veut, les accidens de l'harmonie, car dans ce fens-ci, la partie repréfente le tout. Or dans la plupart des compofitions italiennes, cette union ou réunion des penfées qui fe rapportent à un tout, ne s'y trouve prefque jamais. L'auteur dans une ariette ou quelqu'autre compofition, commence d'abord par dire à l'oreille des fpectateurs une chofe trèsferrfée, & quatre mefures après, il en commence une autre qui n'y a aucun rapport; enfuite il reprend fon premier fujet, qui étant coupé par le fecond, fait un parallogifme en harmonie; il reprend enfuite un quatrieme raifonnement qui fe trouve coupé par un cinquieme; le tout avec

un accompagnement d'un orcheſtre inſenſé avec
la baſſe continue qui n'a pas plus de bon ſens.
J'ai fait l'anatomie d'une ariette du célèbre Pae-
ſello ; j'y ai trouvé d'abord un grand feu d'imagination dans la premiere phraſe de ſon diſcours ;
dans la ſeconde il ſe radoucit un peu ; dans la
troiſieme il reprend le clinquant d'un fracas muſical ; ſa quatrieme phraſe coupe toutes les autres ; & la cinquieme jure contre le corps entier de ſon diſcours, le tout en très-bon Italien,
& en vers excellens du célèbre Métaſtaſio. La
muſique, comme je viens de le dire, eſt une eſ-
péce de diſcours & qui ne fait pas en lier les
penſées, eſt un mauvais orateur en muſique.

Un phyſicien dira que ce n'eſt pas ici l'harmonie, mais c'eſt l'harmonie du bon ſens dont
je parle qui eſt la premiere harmonie de la muſique. Les Italiens nous regardent comme des
apprentifs en muſique, parce que dans nos opéra nous battons la meſure. Il faut avouer que
c'eſt un reproche que nous méritons qu'on nous
faſſe. Il ſerait tems, pour me ſervir de l'expreſſion d'un auteur, de nous défaire de ce bûche-
ron qui fend nos opéra d'un bout à l'autre. Ces
coups redoublés de l'homme au bâton placé devant l'orcheſtre, étourdiſſent le ſpectateur ſans
le mettre en meſure. Cette maniere d'interrom-

H 4

pre l'harmonie par un bruit fourd, vient de loin.
Les anciens de qui nous tenons beaucoup de
bonnes chofes & peut-être encore plus de mauvaifes, marquaient les tems ainfi que nous. Da-
bord ils battirent la mefure avec le pied, comme
le membre le plus propre à faire beaucoup de
bruit, & pour la faire entendre de plus loin,
ils firent des fouliers de fer, avec lefquels ils frap-
paient la terre, battement qui reffemblait à
celui des cyclopes pour forger la foudre. Ce forgeron en mufique fe plaçait fur une hauteur ou
élévation pour que la mufique fût entendue de
tous ceux qui formaient le concert. Les Italiens
regardent l'opéra de Paris comme une compagnie d'aveugles ; ils difent pour raifon qu'ils ont
befoin d'un bâton pour fe conduire.

Il faut que la mefure foit dans la tête du muficien ; lorfqu'elle n'y eft pas, aucun inftrument
ne faurait l'y mettre. Le bâton qui marque la
mefure eft auffi inutile à nos opéra que le bâton de maréchal de France l'eft à l'armée. Peut-
être que cette mauvaife méthode ferait plus néceffaire au théatre italien qu'au français, attendu
que la plupart des acteurs, & fur-tout des actrices, comme on l'a déja vu, profeffent la mufique fans la favoir. Eux-mêmes battent la mefure à la mufique d'églife, mufique qui revient

à celle du théatre, car mêmes inftrumens, mêmes fymphonies, mêmes ariettes, mêmes expreffions, même modulation, tout eft égal, il n'y a d'autre différence que celle du lieu.

Mr. Rouffeau voudrait pourtant qu'on établît la mefure dans l'églife : il parle de la fienne. Il n'y eft pourtant queftion que d'entonner les pfeaumes, chant qui n'eft gueres plus mufical que celui de nos capucins lorfqu'ils difent vêpres. Il dit que le grand chantre proteftant qui entonne le premier verfet du pfeaume devrait battre la mefure, & que faute d'un pareil établiffement, les fideles adreffent leurs vœux au ciel hors de tems, car il prétend que le chantre n'a pas plutôt entonné une note, que l'extrémité de l'auditoire en enjambe une autre, de maniere que dans le même pfeaume une partie de l'affemblée prie Dieu fur un ton, & le refte fur un autre.

Il met à ce fujet fur fon dictionnaire de mufique une favante differtation phyfique : » car, dit-il, „ comme les rayons vifuels fe communiquent „ à l'inftant, de l'objet à l'œil, ou du moins „ avec une viteffe incomparablement plus grande „ que celle avec laquelle le fon fe tranfmet du „ corps fonore à l'oreille, il fuffit de fubftituer „ l'une à l'autre pour avoir dans toute l'étendue du temple, un chant bien fimultané &

„ parfaitement d'accord. Il ne faut pour cela
„ que placer le chantre, ou quelqu'un chargé
„ de cette partie de fa fonction, de maniere
„ qu'il foit à la vue de tout le monde, & qu'il
„ fe ferve d'un bâton de mefure dont le mou-
„ vement s'apperçoive aifément de loin, comme,
„ par exemple, un rouleau de papier : car alors,
„ avec la précaution de prolonger affez la pre-
„ miere note pour que l'intonation en foit par-
„ tout entendue avant qu'on pourfuive, tout le
„ refte du chant marchera bien enfemble.

Mais cet établiffement vifuel ne peut être bon
que pour les proteftans qui font plus dévots pour
le fervice ; car les catholiques romains qui vont
à l'églife ont bien d'autres chofes à faire qu'à ob-
ferver la mefure. D'abord il faut que les femmes
qui s'y raffemblent s'examinent de près pour voir
comment elles font coiffées : enfuite on paffe aux
rubans, aux mouches, au rouge, de là on defcend à la parure, c'eft-à-dire aux robes, aux
juppons, aux garnitures, aux mantilles aux man-
tillons, &c. &c. Les hommes qui ne vont pas
non plus à l'églife pour rien, y ont auffi leurs
affaires. Ils examinent à leur tour ces mêmes
femmes qui fe font examinées entre elles, faluent
l'une, parlent à l'autre, fourient avec celle-ci
& badinent avec celle-là. Pendant ce tems le

chantre pourrait battre la mesure comme le forgeron sur l'enclume, que personne ne l'entendrait.

Comme depuis le renouvellement des arts on a fait quantité de machines pour abréger l'art, on a imaginé la chronométrie, instrument qui supplée aux maîtres de musique, dont le mouvement est aussi réglé que peut l'être une machine qu'on regle. Ce maître postiche bat la mesure tout seul, ainsi qu'on a vu en dernier lieu des métiers qui font des rubans sans la main de l'artiste ; celui-ci fait de la musique tout seul : il faut supposer pour cela que l'ariette ne change point de tems, & n'aille ni plus vîte, ni plus lentement au commencement qu'à la fin ; autrement il en sera de cette machine comme de celle qui marche toujours à la suite de la lanterne magique, qu'il faut arrêter pour en changer le mouvement, puisque les Italiens changent quelquefois de mesure deux ou trois fois dans une chanson. Je compare la chronométrie aux chaises de poste à ressort qui vont bien dans la plaine, mais qui s'arrêtent lorsqu'elles trouvent la plus petite montagne. Mr. Rousseau a fort bien dit que machine pour machine, il vaut mieux nous en tenir à la note. Il aurait pu ajouter, raison pour raison, notre raisonnement vaut mieux qu'un instrument raisonné.

On fait beaucoup valoir le goût italien. Lorſqu'on me cite celui-ci, il me ſemble qu'on me parle d'un phantôme en muſique qui paraît & diſparaît, qui n'a ni feu ni lieu. Je demande ce que c'eſt que ce goût, d'où naît-il ? qu'eſt-il ? d'où vient-il ? en quoi conſiſte-t-il ? perſonne ne ſait me le dire. Or tout art qui n'a point de loi, & qui n'eſt ſubordonné à aucune regle, à aucun principe, n'eſt point l'art, mais le caprice de l'art. Ce ſerait un beau morceau de l'hiſtoire de la muſique italienne que ces goûts qui ſe ſont ſuccédés.

Vinci fit naître un goût qui dura tant qu'il vécut, & un peu après ſa mort. Pargoleſi en établit un autre qui l'effaça. Bernacchi changea l'un & l'autre & enta le ſien ſur les deux. Celui-ci vieillit, & Galuppi créa le ſien. Depuis Galuppi il s'en eſt formé un grand nombre qui ſe ſont ſuccédés, & qui ſont ſi différens l'un & l'autre, que cela paraît incroyable. Les uns ſont les antipodes des autres. Bernacchi qui fit pleurer par ſon goût, ferait rire aujourd'hui ſi on le remettait ſur le théâtre. Cependant nos paſſions, nos deſirs, l'amour, la joie, le plaiſir, les peines que cette muſique veut repréſenter, ne changent point. Un opéra italien compoſé au commencement de ce ſiecle, qu'on remettrait aujourd'hui au théatre ferait des plus infipides, preuve que cette mufique n'a point d'appui; car on juge des arts par leur durée. La Vénus de Médicis, les tableaux de Raphael, font toujours dans le grand goût; c'eft qu'ils font fondés fur la nature qui ne varie point.

Outre le goût, il y a un genre de mufique qu'on appelle *fantaifie*. Ordinairement on fait ici équivoque fur le mot. La fantaifie n'eft pas un égarement d'efprit qui mène à l'extravagance, mais un génie fin & délicat, qui, par des idées détournées, ramene à la raifon. Plus une fantaifie en mufique a de bon fens, & plus c'eft une bonne fantaifie; il faut la diftinguer de l'égarement d'imagination. Si on fait l'analyfe de la plupart des pieces de mufique que les Italiens appellent de ce nom, on n'y trouvera que des fons qui parlent à l'oreille. La roulade dans les ariettes eft une grande abfurdité de cette mufique; à confidérer cet ufage, indépendamment de la coutume, qui fait qu'on fe plie aux chofes les plus extravagantes, celui-ci eft un des plus ridicules. Comme cet art n'eft autre chofe qu'une imitation de la voix parlante, quelle irrégularité ne ferait-il pas dans le difcours familier de s'arrêter fur une voyelle, & répéter celle-ci pendant quatre ou

cinq minutes, de maniere que celui qui nous
écouterait perdît le fil du fujet ? C'eft des Italiens que nous tenons cet ufage. On a vu que
monfeigneur Charles Empereur, étant à Rome,
envoya des profeffeurs à la nation pour lui
apprendre à rouler; & nous l'avons fi bien
appris que nous roulons auffi aifément que les
Italiens, à quelques tours de gozier près.

La nota ferma, ou point d'orgue, comme
on l'appelle à Naples, eft une autre fatuité de
cette mufique. Elle permet au chanteur, contre toutes les loix du bon fens, d'impofer filence
à l'orcheftre au milieu d'une ariette, pour chanter tout feul fur une note qu'il prend pour
bafe de fon chant. Quelquefois dans le fort
d'une action où il faudrait que l'acteur s'enfuit,
pour remédier à une cataftrophe qui fe paffe
derriere la fcene, il s'arrête fur le théatre pour
former un point d'orgue.

La cadenza à la fin de l'ariette eft une troi-
fieme abfurdité qui paffe les deux premieres.
Elle date de la corruption de cet art, c'eft-à-
dire du grand nombre de notes qu'on y a
employées; car il n'était pas queftion de cadenza
lorfque la mufique était fimple & peu compofée. Les grands Virtuofi, comme les Eunuques
brillent beaucoup dans ce genre de mufique.

La langue ordinaire de la cadenza eſt contenue dans la lettre *a*. Tout muſicien qui en emploieroit d'autres, paſſeroit pour ignorer ſon idiome; ainſi dans l'opéra d'*Ipermeſtra*, après avoir chanté ces paroles,

> Penſa che figliá ſei,
>
> Penſa che padre io ſono,
>
> Che i giorni miei, che il trono,
>
> Che tutto io fido a te.

il doit reprendre ainſi ce dernier vers, ché tutto io fido a, & doit voltiger ſur cet *a* juſqu'à ce qu'après pluſieurs ſauts & bonds, il uniſſe l'*a* à la derniere ſyllabe, & finiſſe par *te*.

Les grands muſiciens pouſſent cet art au delà de l'ariette. Une cadenza, pour être dans les regles, doit durer ſept minutes & trente-ſix ſecondes, le tout ſans prendre reſpiration; car il faut que toute cette tirade ſoit d'une ſeule haleine, l'acteur en dût-il crever ſur la ſcene.

Si un Tartare ou un Chinois aſſiſtait à un opéra italien, il pourrait bien ſoupçonner l'idée de la premiere ariette, mais il lui ſerait impoſſible de deviner le ſujet de la ſeconde, d'autant plus qu'il verrait chanter l'acteur ſans articuler; le bon ſens veut qu'un art ne ſoit pas pouſſé au point qu'il devienne un ſujet de dériſion chez les étrangers. La raiſon doit guider l'artiſte,

& cette raison doit être entendue de toutes les nations.

Il faut que je dise encore un mot des tyrans de cette musique, je veux dire des Eunuques, ces monstres de l'espece humaine, qui dirigent l'empire de la scene avec un pouvoir d'espotique Les compositeurs sont subordonnés à leurs voix, & dépendent absolument de leurs caprices; ils chantent comme ils veulent, & ce n'est jamais comme ils doivent. Chacun a sa méthode, & cette méthode est pour l'ordinaire une corruption. Les tons aigus chez eux décident de leurs talens : c'est à qui chantera plus haut, c'est-à-dire, à qui détonnera davantage.

Ces êtres mutilés sont très-mal au théatre, leur figure irréguliere leur donne un air maussade qui se répand sur leur rôle. Ils ôtent au spectateur jusqu'à la fiction de la scene. En effet, comment supposer qu'un Alexandre, qui a la voix aussi claire que celle d'une fille, ait rien de commun avec ce grand Capitaine ? Il faut qu'un homme soit représenté par un homme, & une femme par une femme, & non pas par un être qui n'est ni homme ni femme.

Les naturalistes nous ont dit ce que c'est qu'un Singe; mais ils n'ont pas défini cet animal

qu'on

qu'on appelle Eunuque. Il eſt défectueux dans les
trois rapports qui rendent l'homme utile à la ſociété,
c'eſt-à-dire, dans l'état phyſique, l'état économique, & l'état moral. Dans le phyſique, c'eſt un être
neutre, incapable de génération, & qui n'entre
pour rien dans la ſcène du monde populaire; c'eſt
un rien dans la nature, une ombre, une figure
qui paſſe. Dans l'état économique, il n'eſt d'aucune utilité aux individus de ſon eſpèce. Les
hommes nés pour vivre enſemble, doivent ſe
rendre utiles à la ſociété dont ils ſont membres.
Le laboureur fait vivre l'état ; le guerrier expoſe ſa vie pour le ſervice de ſa patrie ; le magiſ-
trat exerce la juſtice ; le marchand l'enrichit,
l'artiſan l'habille, & tous enſemble concourent
à l'aiſance publique ; l'eunuque ſeul déroge à
cet ordre. Son état de faibleſſe ne lui permet
point de prêter aucun ſervice à la république
dont il eſt membre. La guerre lui eſt interdite,
les tribunaux lui ſont fermés ; il n'eſt point
juge, il n'eſt point avocat, il n'eſt point marchand ; le commerce & les arts lui ſont inter-
dits ; il n'a pas même la faculté de ſe faire
moine ; du moins un eunuque ſerait un mauvais moine : il peut ſeulement ſe faire prêtre, à
condition que lorſqu'il dit la meſſe, il porte
dans ſa poche ce qu'il devrait porter ailleurs.

I

Refte l'état moral : celui-ci , par une fatalité atta-
chée à leur condition, eft plus corrompu que
les autres. Des hommes qui ne font ni peres ni
époux , & qui par-là ne tiennent à aucun pays,
& ne font d'aucune patrie, ne fauraient avoir
les vertus de citoyens. Des êtres ainfi dégradés
font fiers & fuperbes par l'endroit même qui les
rend méprifables. Malgré leur hauteur & leur
fierté , leur ame eft petite, baffe & rampante.

Guadagni eft peut-être le feul qui a des traits
pour lui. Un des plus remarquables eft d'avoir
fait faire anti-chambre à un grand monarque.
On fait que tandis qu'il parlait en particulier à
fa maîtreffe, on vint lui dire que Sa Majefté
était dans l'anti-chambre ; à quoi il répondit
froidement : *che afpetti , quando avro finito ,
entrerà.*

Ayant été furpris une nuit dans le lit de la
célèbre Cori... par le prince Mona... qui
avait le paffe-partout de l'appartement, il lui
dit : parbleu, Madame, lorfqu'on couche avec
un homme , il faut avoir la clef de fa chambre
dans la poche, fans quoi on eft expofé à avoir
des vifites indifcrettes par des curieux, à des
heures indues.

Comme il était beau garçon, & qu'il chantait bien, une Myladi à Londres, qui voulait

chanter un duo avec lui tête à tête, lui donna
cent guinées d'avance pour l'exécution ; mais
comme la nuit précédente, il avait chanté deux
ou trois grandes ariettes avec une jeune Dame, sa
voix se trouva si faible qu'il manqua le duo d'un
bout à l'autre. Il sortit piqué du peu de succès
de sa voix, & dit à la Myladi, en lui rendant
la somme : voilà votre argent, Madame ; il
n'est pas juste que vous payiez si bien un mauvais musicien ; je vous verrai quand la voix me
sera revenue.

Ayant perdu une somme considérable avec
un prince Allemand voyageur, qui était ce qu'on
appelle aujourd'hui en terme de l'art, *un grec*,
il fut averti qu'il avait été volé, & l ayant été
conseillé de ne pas le payer, il répondit : il a
agi avec moi en fripon, je veux agir avec lui
en prince ; & il lui compta la somme.

Il fit souvent l'aumône à des seigneurs ruinés
en Allemagne, de cent sequins à la fois ; un
de ceux-ci qui avait reçu la somme, fier & hau-
tain comme le sont tous les gentilshommes pauvres, lui dit qu'il lui empruntait cette somme,
& qu'il la lui rembourserait. Ce n'est pas là
mon intention, lui dit Guadagni, & si je voulais que vous me la rendiez, je ne vous la prê-
terais pas.

Je ne faurais finir le brigandage de la mufique italienne, fans parler de ces opéras. De tous
les fpectacles qu'on a formé dans nos tems
modernes, l'opera italien eft celui qui choque
le plus le bon fens & la raifon. Il eft compofé
ordinairement d'un feul homme, qu'on nomme
tenore. Je dis d'un feul, car un homme, deux
eunuques & quatre femmes, ne font gueres
qu'un homme. Mr. de St. Evremont appelle
l'opéra une magnifique bagatelle : on peut ap-
peller celui d'Italie une fuperbe petiteffe. Si
quelque chofe peut rendre fupportable ce fpectacle, c'eft le fpectacle. Lorfque dans un établiffement théatral on choque la raifon, il faut
l'indemnifer par les yeux, c'eft à-dire, lui préfenter une foule d'objets qui réparent le vuide
de l'imagination. On peut comparer l'opéra de
Paris à une grande république remplie de peuple de tous les ordres, & l'Italien comme un
petit état monarchique, qui n'a prefque point
de fujets. Il eft vrai que pour remplacer ce qui
manque au chant, on y a fubftitué des ballets
très-nombreux, compofés fouvent de bataillons
quarrés, où la troupe danfante fait la guerre
en cabriolant ; car l'exercice à feu du roi de
Pruffe eft devenu fi à la mode, qu'on le met
en danfe ; mais ces corps de troupes font étran-

gers à l'opéra. Après qu'ils ont remporté une victoire & fini le ballet par une décharge générale, ils se retirent & ne paraissent plus.

Cette dépopulation de l'opéra retrécit le génie poétique. L'artiste est obligé d'estropier l'intrigue pour y substituer des ariettes. Il est vrai que les théatres en Italie sont d'une grande magnificence ; mais ces monumens élevés à l'ostentation, ne servent qu'à faire regretter un art dont le brigandage rend la beauté de l'édifice inutile. Lorsqu'on entre dans ces grandes salles remplies de peintures, de décorations, de scènes & de tribunes dorées, il semble qu'on est dans un temple où l'on attend une divinité qui doit descendre du ciel pour l'habiter, mais qui n'a pas encore paru. Au reste, toute sorte d'émulation en Italie est ôtée à la musique. On y trouve des académies sur toutes sortes d'arts, excepté sur celui que tout le monde y professe. Celle de Bologne, qu'on appelle des *filarmoniques*, faite pour la musique, n'est guere propre à encourager la musique. Il faut aujourd'hui si peu de génie harmonique pour devenir un de ses membres, que le plus petit artiste peut prétendre à cet honneur.

Cette république chantante s'assemble une ou deux fois la semaine au son du violon, pour

I 3

fon état mufical. Elle a un directeur qu'on nomme
prince ; mais ce prince n'a pas plus de part à
l'harmonie du chant, que le Doge de Venife
n'en a à celle de la république. Lorfqu'un apprentif muficien veut devenir maître, il faut qu'il
faffe un chef-d'œuvre, c'eft-à-dire, qu'il compofe un menuet, un rondeau ou une fougue,
qu'il fait compofer par un autre pour fe débar-
raffer de ce foin, & le lendemain il le lit à l'a-
cadémie d'un air triomphant, ni plus ni moins
que s'il était de fon crû ; toute l'académie crie
bravo, & l'apprentif eft paffé maître.

Comme cette académie eft établie dans un
pays du pape, où tous les établiffemens font
catholiques romains, tous les profeffeurs à leur
réception, doivent dépofer la fomme de foixante livres tournois, applicable après leur mort
aux ames du purgatoire pour le falut de la leur.
Le fondateur n'a pas fait attention que l'ame
d'un muficien va rarement en purgatoire.

Cependant, comment arrive-t-il que cette
mufique qui péche par plufieurs grands principes,
plaît tant ; & que les premieres nations lui donnent la préférence fur les autres ? C'eft par fa
douceur, fa mélodie, par un certain arrange-
ment des notes qui forment des fons agréables.
Je ne faurais mieux comparer cette mufique

qu'à un amant qui veut plaire à fa maîtreſſe, qui prend avec elle un ton doucereux, qui radoucit la rudeſſe de ſa voix pour lui charmer l'oreille, qui lui raconte d'une maniere agréable & lui dit joliment tout plein de petits riens, & l'enjole ſi bien par ſes accens tendres & affectueux, qu'elle ſe rend à ſa paſſion, & ſe proſtitue, ſi on me permet de m'exprimer ainſi, au ſon de ſes accords amoureux. Voilà la muſique italienne. Le profeſſeur n'eſt occupé que de cette combinaiſons de ſons qui enchantent les ſens, & à laquelle il ſacrifie le bon ſens & la raiſon ; c'eſt ce ſacrifice qui le fait réuſſir, par la raiſon que la corruption des arts fait plus de progrès que leur perfection, & que l'homme par ſa nature, eſt plus porté à ce qui lui plaît qu'à ce qui l'inſtruit.

On entend dire tous les jours que la muſique eſt une affaire d'habitude, qu'on s'accoutume à ſes variations, qu'il faut ſuivre ſes goûts & ſes caprices. Il ne ſerait pas étonnant que les Tartares ou les Iroquois s'exprimaſſent ainſi ; mais il l'eſt qu'une nation ſavante & éclairée confonde un art fait pour parler à l'ame, avec ce goût bizarre & inquiet qui nous fait changer de meubles & d'habits chaque lune.

En ce cas là la philoſophie de tous les ſiecles

I 4

paſſés ſe ferait bien trompée, & nous en ſaurions
plus que toute l'antiquité.

Le grand triomphe de ceux qui adoptent cette
modulation, eſt qu'elle agit ſur nos ſens par des
ſenſations très-vives, & qu'ils croient avoir tout dit
lorſqu'ils ont ajouté, qu'il faut avoir recours aux
cauſes phyſiques pour expliquer les morales. Ce
n'eſt qu'un ſophiſme fondé ſur la corruption de
cet art, ainſi que cela arrive dans celle des
mœurs à l'égard des paſſions, comme l'amour,
l'avarice, l'ambition, où l'ame en s'égarant prend
un ſens pour un autre. Ce n'eſt point l'ame qui
agit alors, mais la maladie de l'ame : ainſi qu'un
homme en délire s'égare, & ne prend plus la
raiſon pour guide.

On ſait que la plupart de nos ſens agiſſent ſur
nous indépendamment de la réflexion ; ainſi un
homme qui bâille dans une aſſemblée, fait bâiller toute la compagnie, ſans qu'aucun de ceux
qui la compoſent ait réſolu auparavant de bâiller ;
cependant l'éducation nous apprend que le bâillement en compagnie eſt une eſpece d'impoli.
teſſe, parce qu'il annonce que nous nous en-
nuyons avec ceux qui ſont en notre compaġ ie ;
doit-on pour cela juſtifier le bâillement parce
qu'il provient d'une cauſe phyſique ? C'eſt le
ſon ou le bruit de celui qui bâille, qui agit ſu

nous malgré nous ; ainsi la musique par ses différentes modulations nous affecte involontaire-
ment. Ceci se fait remarquer, sur-tout au théatre tragique, où se passent les plus fortes émo-
tions. Que le célebre Lequint récite le rôle
d'Oreste sur le ton des litanies des saints, &
le parterre ne sera pas plus agité qu'aux complies
des capucins.

Les paroles mêmes qu'on emploie pour exprimer le sentiment ne sont pas nécessaires,
puisqu'on voit tous les jours des étrangers dans
notre théatre tragique, être troublés & agités
sans entendre la langue française. C'est l'art qui
en trompant la nature égare les sens. Ces sens
une fois trompés s'accrochent où ils peuvent ;
faute d'un objet principal, ils s'attachent à l'ac-
cessoire, car il faut toujours une action, un
mouvement à l'ame, une sensation quelconque.
Les anciens nous font bien sentir ceci, lorsqu'ils s'opposerent si ouvertement au faste & à
la pompe de l'éloquence. Art trompeur, qui a
causé une révolution générale dans l'esprit humain, & qui a plus renversé de républiques
que la bravoure & le courage n'ont élevé d'em-
pires.

La musique qui n'est autre chose qu'un genre
d'éloquence noté, n'en cause pas moins dans

la nature ; c'eſt quelque choſe de prodigieux
que les égaremens, dans leſquels elle jette notre
ame.

Il eſt certain que l'erreur va ſouvent juſqu'à
nous faire ſentir une ſenſation agréable, de ce
qui doit être pour nous un objet de haine &
d'indignation. Lorſque j'étais à Conſtantinople
je me rendis chez les Dervis, ce ſont des moines muſulmans qui prient Dieu au ſon de la
flûte. Ils exécutent ordinairement une muſique
douce & affeCtueuſe pour inſpirer de la dévotion aux fideles ottomans. Les ſujets de ces
airs ſont des hymnes fort tendres; car on ſe
tromperait beaucoup ſi l'on croyait que la muſique ottomane eſt auſſi turque que les turcs;
elle a des airs ſi touchans, que j'en fus moi-
même touché au point de verſer quelques larmes, Après que le concert ſpirituel turc fut
fini, je fis demander par mon interprete au
maître de muſique quel était le ſujet de cet
hymne qui m'avait ſi fort ému. Le ſujet de
l'hymne qui vous a rendu ſi ſenſible, eſt en l'honneur de la religion mahométane, pour mettre
en dériſion les chrétiens qui croient à la Sainte
Vierge. Cette agitation me fit juger une fois
pour toutes de la foi que nous devons ajouter
à nos ſens remués par la muſique. Voilà pourtant

les effets de cette grande caufe phyfique dont on fe fert pour expliquer avec tant d'emphafe ce qui fe paffe en nous. Mais, dira-t-on, n'y a-t-il pas une modulation innée, un fon particulier pour remuer un certain fentiment? Oui, il y en a un; & s'il en était autrement, la nature fe ferait trompée en donnant indifféremment à chaque vibration de l'air le même afcendant fur nos ames. Les loix de cette grande mere du genre humain feraient arbitraires, c'eft-à-dire, indépendantes de tout premier principe; ce qui renverfe de fond en comble le fyftême de l'humanité.

Les fragmens de la mufique grecque qui font parvenus jufques à nous, excitent la même fenfation en nous, qu'elles excitaient fur ces peuples, il y a plus de trois mille ans. Le chant grégorien eft devenu vieux dans l'églife chrétienne, fans avoir vieilli.

L'hymne *In exitu Ifraël de Ægypto*, a pour nous la même onction qu'elle avait lorfqu'elle fut créée. On a eu beau changer celle du *Pange lingua* dans nos tems modernes, lui mettre plus d'accords, plus d'harmonie; les fideles affemblés dans les églifes, qui font les vrais juges en mufique, ont prononcé pour lui, & ont rejeté les autres; on ne les chante plus aujourd'hui qu'en Italie, où le goût de la vraie mufique eft corrompu. C'eſt en ſuivant le goût de cette nation que nous nous ſommes égarés. Notre muſique qui a voulu ſuivre ſon génie, reſſemble à notre cuiſine, où nos profeſſeurs en ragoûts ſe ſont ſi fort écartés de la nature, que ſi nos ancêtres revenaient de l'autre monde, nous les empoiſonnerions dès le premier plat que nous leur donnerions.

Depuis qu'on a perdu le vrai goût du chant & qu'on l'a altéré, ſi on peut s'exprimer ainſi, par des épiceries muſicales, il nous faut du poivre, de la canelle, des clous de girofle, de la noix muſcade dans les ariettes, ſans quoi nous les trouverions fades & inſipides.

Voilà le brigandage de cette muſique ; il eſt tems de voir l'influence que celui-ci a ſur la nôtre. Depuis quelque tems nous avons non-ſeulement adopté le génie des ariettes, mais même nous les habillons à la françaiſe, ce qui eſt une des plus grandes diſſonnances qu'il y ait entre les deux chants.

Les Anglais ayant pris du goût pour cette muſique, eſſayerent leur idiome. Ils firent d'abord des opéras bretons avec des notes napolitaines ; mais voyant qu'ils juraient en bon anglais, dans toutes les regles de la muſique italienne, ils retirerent leur langue, & laiſſerent chanter les italiens en italien.

Les oifeaux qui, comme on l'a vu, font les premiers maîtres de mufique du monde, ont leur ramage particulier : chaque efpece chante & fait l'amour dans fa mere langue. Si le hibou voulant faire l'agréable auprès de fa femelle, empruntait le gazouillement du roffignol pour fe faire aimer, tous les autres volatiles fe moc-queraient de lui. Les étrangers ont été furpris dans l'opéra d'Orphée, de voir un de nos acteurs defcendre aux enfers, pour y demander Euri-dice en français, tandis que la même demande y avait été faite en italien. Il eft ridicule de chanter un opéra en deux langues, à moins que dans la feconde, on ne lui faffe un habit neuf en mufique. Nous ne parlons que du bout des lévres; les italiens parlent du gozier. La réuf-fite d'une langue qu'on met en mufique, dépend beaucoup du nombre ainfi que du mélange de fes voyelles; l'idiome qui en a le plus, eft le plus heureux. Dans la comparaifon des deux langues, l'italienne a l'avantage fur la françaife. Par exemple, prononcez l'a: a, fort bien. Le fon dont vous venez d'agiter l'air forme un ton parfait, autant que peut l'être un ton fimple & décompofé. Maintenant prononcez le c: c, fentez-vous la différence qu'il y a entre ces deux fons? Vous ne pouvez tirer aucune mélodie de cette derniere lettre, parce que pour la prononcer il vous faut ferrer les dents, & mettre la langue entre la mâchoire fupérieure & l'inférieure, pour empêcher l'air de s'échapper ; au lieu qu'à la lettre *a* vous ouvrez la bouche, pour ainfi dire , à deux battans. Celle-ci eft le grand cheval de bataille des italiens, fur lequel font montées toutes les ariettes. Le nominatif, le génitif, le nom , le pronom, l'article, le genre, le verbe, l'adverbe, tout en eft rempli. *Anima mia:* en voilà déja trois : *mon ame*; n'en voilà qu'un. Si un maître Italien & un Français doivent faire de la mufique fur cette expreffion, voici l'avantage qu'aura le premier : il mettra un petit agrément fur le premier *a* d'*anima*, il embellira le fecond d'une roulade, & enjolivera le dernier de *mia*, par une volade, tandis que le maître français fe donnera au diable, fans pouvoir rien faire de fon ame; parce que le nominatif *mon* lié avec *ame*, forme une liaifon dans laquelle il faut faire fentir le *n* autant que l'*a*. Tout ce qu'il pourra faire, fera de mettre , pour me fervir de l'expreffion italienne, une petite *poggiatura* entre ces deux lettres.

Ceci ne regarde que l'accent vocal; car il y a bien d'autres diftinctions à faire dans le national, qui eft auffi différent que l'air du vifage

de chaque nation. La mufique n'eft autre chofe
que les paroles mifes en notes, mais il faut que
les notes s'accordent avec les paroles. C'eft de
cette premiere harmonie que dépend celle de
la mufique.

    Oh che felici pianti!

    Che amabil martir!

Si vous faites bien attention à ces deux vers,
qui font le commencement d'une ariette de
Metaftafio, vous trouverez que la moitié de
l'ariette eft déja faite, parce qu'on ne peut pas
les prononcer fans chanter.

    Oh quelles pleurs heureufes!

    Quel aimable martire!

Vous ne trouverez dans celle-ci ni l'harmonie
vocale, ni l'harmonie muficale. Cette oppofi-
tion eft dans le génie des deux langues; ici
l'une chante en parlant, & l'autre ne parle pas
en chantant. Cela dépend entiérement de la
premiere conftruction du méchanifme vocal,
qu'il faut bien diftinguer du littéraire; car ces
deux vers fignifient la même chofe, quoique
le fens qu'ils rendent mis en mufique, foit différent; & c'eft cette différence qui dans le chant
choque le fens, fans changer le fens.

    Je fais bien qu'on a trouvé la traduction
d'Orphée françaife auffi bonne que l'original,

& la mufique adaptée à nos mœurs & à nos
manieres ; mais je fais bien auffi que beaucoup
de gens ne le penfent pas ainfi, & que s'ils ne
fe récrient point contre cette cacaphonie chantante, c'eft que lorfque le préjugé de la mufique vient de bien haut, la partie baffe chantante ne dit mot ; elle murmure tout bas, pour
que la prévention ne l'entende pas. Il y a un
génie, comme je viens de le dire, dans le chant
de chaque nation, qui n'eft point celui d'une
autre. Envoyez l'académie royale de mufique
de Paris à Naples pour la former au goût italien ; à fon retour elle chantera comme une
compagnie d'aveugles Napolitains ; c'eft ce qui
vient d'arriver à un profeffeur Français, qui
ayant dépenfé fon tems & fon argent dans
cette capitale, pour fe perfectionner dans ce
chant, après un travail long & affidu, eft venu
échouer au concert fpirituel dans toutes les regles du goût italien.

On dit qu'un célebre chirurgien de l'académie royale de Londres ayant fait l'anatomie d'un gozier italien & celle d'un gozier
français, il trouva que le premier, outre la
conftruction humaine, avait quelque rapport
avec celui d'un roffignol, & le fecond avec
celui d'un oifeau qu'il ne nomme pas, mais
qui

qui croasse un peu. C'est sans doute après ces observations qu'un Auteur (*) a dit, que le véritable chant français consiste à nasillonner, à canarder & à chevroter. Voilà pourquoi, sans doute, Mr. Gelliot a nasillonné quinze ou seize ans à l'opéra, que Mr. Gerin a canardé presqu'autant, & Mr. de Chassé a chevroté plus long-tems. C'est toujours au physique qu'il faut avoir recours pour résoudre ces sortes de questions. En Italie on mange des pois verds dans le mois de janvier, en France on n'en mange que dans le mois de mai : voilà pourquoi les Français ne chantent pas comme les Italiens.

Mais j'ai des réflexions plus intéressantes à faire sur ce sujet, que celle des pois verds. Depuis la révolution qui s'est faite dans notre musique, il s'en est fait une dans nos mœurs; car les passions suivent toujours le goût du chant. On peut regarder la musique comme la base fondamentale des vices.

Mr. Jean-Jacques Rousseau ne veut pas que la république de Genève aille à l'opéra (**);

_____

(*) Voyez le Dictionnaire de musique.

(**) Voyez sa réponse à Mr. d'Alembert sur le théatre.

K

il a raifon : ce petit Etat qui ne fait gueres que des montres , & qu'à caufe de cela l'Efpion Chinois appelle le cadran de l'Europe , ne faurait plus lui-même l'heure de fes bonnes mœurs.

L'auteur de l'Efprit des Loix mefure l'ivrognerie des nations par la hauteur du foleil ; nous pourrions mefurer notre luxe par les degrés de la mufique ; car on donne comme on chante : c'eft furtout au théatre que fe fait fentir ce fafte. Du tems de Lulli , lorfqu'on donnait un petit écu à une demoifelle de l'opéra , cette générofité était annoncée dans le Mercure galant ; maintenant que nous avons fait des progrès dans cet art , il faut chanter bien plus haut , on ne parle que de cent mille francs , de cinquante mille écus , fans compter la petite oye. Les amateurs de l'opéra vont plus loin : ils portent tous les jours des fommes confidérables aux fonds publics , pour laiffer à la poftérité un monument de leur goût pour l'ariette.

Mr. Bonnefoi, notaire de Paris, m'a dit, que depuis les prem iers opéra de Rameau, la mufique avait fi bien fait chanter la finance, qu'entre lui & fes confreres, ils avaient voituré au tréfor royal plus de foixante millions pour être réduits en rentes viageres , ou conftitués en l'honneur & gloire des chanteufes de l'opéra, y compris la capriolli, qui eſt ſœur utérine de la muſique. Si je voulais rapporter la choſe en fidele hiſtorien, je pourrais faire voir ici combien de maiſons ruinées, de familles réduites à la mendicité, de demoiſelles qui ont reſté ſans mari, d'enfans de famille ſans éducation ; de banques renverſées , d'hommes qui ſe ſont pendus ou noyés. Mais point de pédanterie : il n'y a aujourd'hui que les recteurs des colléges qui écrivent dans un ſens moral. A l'égard des diamans, les princeſſes de couliſſes en ſont couvertes ; elles en ont depuis la tête juſqu'aux pieds. Une de celles-ci vient d'imaginer un petit déshabiller pour aſſiſter aux répétitions, où il n'en entre que pour vingt mille écus ſeulement ; c'eſt pour former le clair-obſcur du grand habit diamantaire, dans un jour de fonction.

Pour ce qui eſt de l'argent comptant, la ſomme ne peut plus ſe compter, tant elle eſt exorbitante. On dit que Mlle. la Guerre a dans ſon coffre-fort autant de troupes numéraires, qu'il en faut pour livrer bataille à une puiſſance belligérante ; & il y a dans le corps militaire de l'opéra pluſieurs autres demoiſelles toutes auſſi guerrieres que Mlle. la Guerre ; ſans parler des vieilles héroïnes, qui ſe repo-

K 2

fent fous les lauriers de Cythere, & qui font
aux invalides de vingt mille livres de rente.
Voici un autre inconvénient muſical : après
avoir éprouvé une révolution dans l'eſpece numéraire, nous ſommes à la veille d'en éprou-
ver une autre dans l'eſpece humaine. Paris va
ſe remplir d'Italiens. Déja les compoſiteurs
d'ariettes, de Naples, de Rome, de Veniſe,
de Florence, de Bologne & de Milan, graiſ-
ſent leurs bottes pour ſe rendre dans cette
capitale ; car il n'y a point d'animaux qui aient
l'odorat ſi fin que les maîtres de muſique Italiens ; ils flairent les louis d'or à cinq cens
lieues loin. Ce font, pour m'exprimer ainſi,
les meilleurs chiens numéraires qu'il y ait en
Europe. Paſſe encore pour les maîtres : car lorſqu'il eſt queſtion de ronger les finances d'un
état, quelques chiens de plus ou de moins ne
font pas de grande conſéquence ; mais ils traî-
neront après eux toute la bande-joyeuſe, baſſe,
contre-baſſe, flûtes, hauts-bois, violons, fifres,
flageolets, trompettes, timbales, timpanons,
&c. moyennant quoi nos pauvres écus s'en
iront en Italie tambour battant & méche al-
lumée.

Ce n'eſt pas tout : les Caſtrati menacent de
faire une invaſion en France, comme on l'a

déja vu, par la requête qu'ils veulent préfenter à Mr. de la Ferté. Si cela arrive, il en fera de cette invafion comme de celle des Normands, peuple à qui on donna un établiffement fans en connaître l'origine ; moyennant quoi notre mufique deviendra une arche de Noé, compofée de toutes fortes de bêtes. Je ne dis pas que ces meffieurs les Italiens ne foient de fort honnêtes gens ; mais il y a des honnêtes gens de certaines nations dont il faut fe tenir loin. Il n'y a rien de fi contagieux que les mœurs, & il eft rare que celles d'un peuple, foient celles d'un autre peuple. Or, des mœurs contraires forment toujours une corruption ; de là vient que les grands légiflateurs de la Chine & du Japon ont défendu toute communication avec les étrangers.

On a fait dans notre gouvernement de très-fages réglemens, pour prévenir les lectures dangereufes, qui corrompent le cœur en gâtant l'efprit ; il eft étonnant qu'on n'ait pas pouffé plus loin cette loi. Eft-ce qu'un Roman mis en mufique eft moins dangereux que celui qu'on lit ? Au contraire, il a une volupté de plus, qui eft celle de la mufique. Regle générale, plus une nation eft tendre & fenfible, plus on l'agite facilement, & plus il faut l'agiter

K 3

d'une maniere convenable. Malgré cette maxime nous n'avons aucun ſtatut noté, & dans notre code légal, qui eſt ſi vaſte & ſi étendu, on ne découvre pas un ſeul légiſlateur en muſique.

Pour remédier à cet inconvénient, j'ai formé un très-beau projet ; celui d'un conſeil d'ariettes, ou parlement de muſique, où toutes les compoſitions muſicales ſeront viſée, parafées & enregiſtrées. On prendra d'abord un corps politique chantant. Platon prétend qu'on ne peut faire aucun changement dans la muſique, qui n'en ſoit un dans le gouvernement. Ariſtote le croit de même, & tous les philoſophes de l'antiquité l'ont penſé ainſi. Or, comme les inſtitutions ſont de même, on doit juger par là combien notre ſyſtême doit être altéré, nous qui changeons continuellement de modes, & qui chantons aujourd'hui à la françaiſe & demain à l'italienne.

STATUTS

DU PARLEMENT CHANTANT.

GENIE.

TALENT.

GOUT.

REGLES.

MESURE.

BON SENS.

ESPRIT NATIONAL.

Toutes les compofitions qui manqueront par une de ces qualités, feront mifes hors de cour & de procès.

Qualités requifes pour devenir Parlementaire.

Aucun membre ne pourra être reçu qu'il n'ait été trois ans enfant de chœur.

Charges principales.

Le premier préfident chantant fera né à Paris, attendu que cette capitale donne le ton à tout le royaume. Les autres membres pourront être de leur pays, pourvu néanmoins qu'ils ne foient ni Normands, ni Picards, car ces gens là ont la tête dure en mufique.

Police.

Le parlement aura douze cenfeurs muficaux, pour examiner tous les morceaux de mufique

K 4

qui paraîtront, & sauront par cœur au moins trois opéra de Rameau , & auront lu son traité sur l'harmonie.

Regles générales.

Afin que le public ne soit pas infecté d'une musique dangéreuse, capable de gâter l'esprit & corrompre les mœurs, tout ouvrage noté sera porté au parlement pour être examiné. Si ce sont des pieces fugitives détachées pour être exécutées dans les guinguettes & les carrefours, il sera nommé un comité particulier pour l'examiner, afin d'éviter les mauvaises impressions ; car lorsque le public ne chante pas bien, l'état chante mal.

Prohibitions.

On ne remettra point dans les rues les vaudevilles & couplets qui auront été chantés. Par exemple, si quelque ennemi de Madame la comtesse du Barri voulait réhabiliter la Bourbonnaise, le parlement s'y opposerait, attendu qu'une intrigue chantée est une intrigue consommée ; & qu'en musique comme en politique, il ne faut pas réveiller le chat qui dort.

La même prohibition sera établie à l'égard du comte Jean, attendu que son opéra a été à grand-chœur dans un ouvrage qui a pour titre *Anecdotes de Madame du Barri*, ainsi que

la grande ariette de fa généalogie, fur les paroles du *vigneron*.

Réglement populaire.

Le parlement veillera fur la mufique des aveugles qui s'exécute journellement dans les rues
de Paris, attendu que leurs opéra font beaucoup de tort à celui de l'Académie royale de
mufique.

Protestion particuliere du grand Théatre.

Le parlement aura un foin particulier de la
fcène du Palais Royal, attendu que le fort de
la France chantante dépend de lui, & que chacun apporte chez foi ce qu'il trouve établi dans
fon parterre.

Ordonnances fur les maîtres compofiteurs.

Chaque opéra nouveau fera porté au parlement de mufique deux mois auparavant d'être
donné au théatre. La grand'chambre en fera
une répétition générale; & après celle-ci, il
fera foumis à un examen particulier.

Nomination d'un revifeur d'ariettes.

Le parlement nommera un revifeur pour pro-
céder à l'examen des ariettes, fur lefquelles il
aura droit de changer, de modérer, de refon-
dre, d'altérer les paffages qui lui paraîtront
trop forts ou trop faibles; lui étant enjoint de
faire fes annotations en langue italienne, attendu

que la plupart des maîtres qui compofent aujourd'hui pour l'opéra de Paris n'entendent point
de français.

Corrections.

S'il trouve une ariette dont la mufique ne
réponde point aux paroles, & que les notes
foient éloignées du fens, il mettra à la marge :
aria da mutare.

Si un morceau de mufique eft faible & lan-
guiffant, tandis qu'il devrait rendre une expreffion fonore, il écrira : *forte, mà non troppo.* Si
un air galant eft rendu froidement & fans goût,
il notera doucement ces paroles : *vezzofo è con
grazia.* Si un endroit doux & pathétique eft
exécuté avec trop de vîteffe, il écrira ce mot
piano ; mais fi la fymphonie d'un opéra eft fi
bruyante qu'elle étourdiffe & caffe la tête des
fpectateurs ; il écrira, *troppo fuffurro.* Si une
ariette eft obfcène & voluptueufe ; il marquera
à côté, *con fordine acciò che non fi fenta.* Au
cas que le compofiteur, en voulant imiter dans
fon opéra une tempête, faffe mugir le vent en
mufique, lance la foudre & le tonnerre par un
orcheftre le plus bruyant, il mettra à côté en
grand caractere : *quefta tempefta è una pefte.*

Défenfes faites aux Auteurs.

Les compofiteurs qui donneront leurs opéra,

n'auront droit de repréſentation pour l'en-
regiſtrement, qu'après que la piece ſera repréſentée ; c'eſt-à-dire, que ſi leur muſique tombe il
leur ſera permis de la relever, en prouvant qu'elle
eſt bonne, quoique le public l'ait trouvé mauvaiſe.

Nomination d'un copiſte.

Afin que les arrêts du parlement ſoient notés
diſtinctement, Mr. Jean-Jacques Rouſſeau en
ſera le copiſte ; homme célebre, connu en
Europe par ſes genres de littérature, & qui
n'ayant fait qu'un original en muſique, laiſſera
à ſa mort des milliers de copies.

Aſſemblée générale.

Il ſera tenu un grand conſeil de muſique
deux fois l'année, pour examiner l'état de la
France chantante ; & au cas qu'elle ſoit ſortie de
ſon ancienne modulation, il nommera des commiſ-
ſaires pour la faire rentrer dans ſon ton naturel.

Subordination au Conſeil ſuprême.

Cependant, comme ce corps légiſlatif en
muſique pourrait devenir deſpotique, & prendre ſur le droit de la couronne chantante, il ſera
ſubordonné à un conſeil ſuprême, dont les membres ſeront, Mr. de la Ferté, les Gentilshommes de la Chambre, & le Lieutenant de police,
préſident né. Le conſeil ſuprême ſera abſolu ; &
au cas que le parlement de muſique refuſe d'en-
regiſtrer ſes arrêts, il ſera relégué à Pontoiſe.

En attendant l'établissement de la grand'chambre des ariettes, je finirai par cette réflexion : la musique doit suivre le génie de la nation, & ressembler aux hommes qui la chantent. Elle ne doit pas s'élever au dessus de leurs mœurs, ni descendre au dessous de leurs manieres. Si elle monte plus haut que leur caractere, elle le changera ; si elle descend plus bas que leurs passions, elle les irritera ; son mode doit flotter entre les deux.

Lorsque le Soleil donna à Phaëton son char à conduire, il lui dit : Si (*) vous montez trop haut, vous brûlerez la demeure céleste ; si vous descendez trop bas, vous réduirez en cendres la terre. N'allez pas trop à droite, car vous tomberez dans la constellation du serpent ; n'allez pas trop à gauche, car vous iriez dans celle de l'autel : tenez-vous entre les deux.

(*) Nec preme, nec summum molire per cætera currum,
Altiùs egressus cœlestia tecta cremabis,
Inferiùs terras : medio tutissimus ibis.
Nec te dexterior tortum declinet in anguem,
Nivè sinisterior, pressam rota ducat ad aram,
Inter utrumque tene.

Ovid. Métamop. liv. II.

F I N.

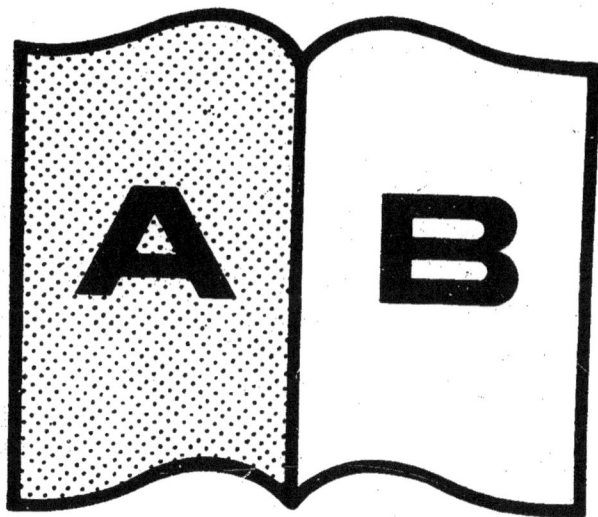

Contraste insuffisant

NF Z 43-120-14

www.ingramcontent.com/pod-product-compliance
Lightning Source LLC
Chambersburg PA
CBHW052054090426
42739CB00010B/2178